수익성 평가 시뮬레이션

우 승 한 지음

에듀컨텐츠·휴피아
ECH Educontents·Huepia

저자소개

저자 우승한은 포스텍 화학공학과를 졸업하고 같은 대학교에서 석사 및 박사 학위를 받았다. 노스웨스턴 대학에서 환경공학 분야 박사후연구원으로 있었고, 현재는 국립한밭대학교 화학생명공학과에서 교수로 재직중이다. 2011년 LG연암재단 해외연구교수로 선정되어, 코넬대학교 농생명대학에서 방문교수로 연구하였다. 환경, 물, 기후변화, 바이오, 식품, 농업, 창업과 산학협력 분야에 관심이 많으며 지금까지 SCI 논문 약 100편을 발표하였고, 특허 20여 건을 출원하였다. 저서로는 "기후변화에 대응할 새로운 물결 바이오차"를 출간하였다. 2022, 2023, 2024년도에는 SCOPUS/Stanford 조사에서 세계 최상위 2% 과학자로 선정되었다.

한편 대학에서는 산학협력단과 링크사업단, RISE 사업단 업무를 수행하면서 다양한 창업 및 기업지원 프로그램을 기획하고 운영하고 있다. 그동안의 창업공로로 중소기업벤처부 장관상과 산학협력 공로로 교육부 총리상을 수상하였다.

저자는 2017년 ㈜엘그린텍을 직접 창업하였다. 개인용 식용색소 브랜드인 “엘틴 푸드칼라”를 출시하여 누적 약 50만 개, 매년 약 10만 개 이상의 상품을 판매하고 있다. 현재 쿠팡에서 베이커리 부문 1위에 올라 있으며, 2023년 북미 아마존에 진출하였다. 창업경험을 바탕으로 “생존창업 1%로 가는 길”을 출판한 적이 있다. 그 외에도 다양한 제품을 개발하여 시장에 출시하며 수많은 성공과 실패를 경험하였다. 아직도 진행 중인 좌충우돌 실전경험을 독자와 함께 나누고자 한다.

목 차

수익성 평가 시뮬레이션

에듀컨텐츠·휴피아
ECH Educontents·Huepia

Prologue

프롤로그

지난 20여 년간 대학에서 근무하면서 학생들을 가르치고, 연구를 수행하면서, 기술과 연구가 시장에서 가치를 창출하지 못하고 그 자체로 끝나는 것에 무언가 허전함이 있었습니다. 그래서 많은 고심 끝에 2017년 ㈜엘그린텍이라는 법인을 창업하였고, 그동안 수많은 실패와 성공의 경험들을 하게 되었습니다. 지금 창업을 준비하거나, 이미 하신 분들, 아니 창업을 한 번이라도 생각해 본 적이 있다면, 그분들을 위해 제 경험들을 조금이라도 나눠보고자 합니다. 그러한 경험을 바탕으로 "1% 생존창업 시리즈"를 기획하게 되었고, 이 책 "수익성 평가 시뮬레이션"은 그 두 번째입니다.

제가 창업한 ㈜엘그린텍은 식품첨가물제조업을 기반으로 하는 회사로서 다양한 개인용 식용색소를 주력 상품으로 하여 기획, 디자인, 개발, 생산, 판매, 수출까지 작은 회사지만 대부분의 일을 직접 하고 있습니다. 회사를 운영하면서, 안전과 위생 등 각종 신고, 세무와 회계, 인사와 노무까지 이해해야 했으며, 보다 효율적인 생산을 위한 원자재 확보와 자동화 시설을 구축해야 했습니다. 무엇보다 판매촉진을 위해 네이버 스마트스토어, 쿠팡 로켓배송, 11번가, G마켓, 롯데마트, 북미 아마존에 입점하고, 인스타 공동구매, 자사몰, 물류, 배송, 광고, 수출까지 다양한 업무를 필요로 했습니다.

그동안 다양한 상품을 기획하면서 판매가와 생산량, 각종 비용 등을 미리 예측해서 사업성이 있는지 검토하는 일이 언제나 필요했었습니다. 예측은 다양한 경우를 검토해야 하기 때문에 매번 손으로 계산할 수는 없습니다. 그래서 그때마다 제가 사용한 것이 엑셀로 수익성 평가 시뮬레이터를 만들어 예측하곤 했는데, 이번에 이 내용을 정리해 본 것입니다.

이 책에서는 어떤 상품을 기획할 때 비용과 수익을 고려하여 적절한 이익을 남길 수 있도록 가격과 생산량을 정하는 방법을 제공하고자 합니다. 무엇보다 기획단계에서는 다양한 변수들이 존재합니다. 예를 들어 원자재의 경우 규모에 따라 매입단가가 달라지기도 하고, 판매량에 따라 이익률도 달라집니다. 따라서 기본적인 틀로서 엑셀 시뮬레이터를 만들어 두면 변화하는 상황에 따라 수정하면서 효과적으로 사용할 수 있을 것으로 생각합니다.

이 책에서는 시뮬레이션이 필요한 이유, 시뮬레이션의 기초 원리, 엑셀 시뮬레이터를 만드는 방법, 실제로 엑셀을 이용해 최적 상품가격과 목표생산량을 설정하고, 적절한 사업전략을 세우기 위한 사례를 중심으로 설명하고자 합니다. 무엇보다 시뮬레이터의 내용을 이해하고 활용함으로써 사업에 있어 상품을 판매하고 있다면 반드시 필요한 핵심내용을 전해 드리려고 합니다.

이 책이 목표하는 바는 독자가 책에 기술된 수익성 평가 엑셀 시뮬레이터를 직접 만들어 볼 수 있도록 하는 것입니다. 책의 내용은 그다지 어렵지는 않습니다. 어차피 사업이라는 것을 하려면 반드시 이해해야 하는 내용들입니다. 오히려 너무 상세한 내용은 과감히 제거하고 꼭 필요한 것만 넣어서 "간단하면서도 꼭 필요한 도구"로서의 책을 만들고자 노력했습니다. 책의 내용을 잘 따라하고 이해하기만 한다면, 다양한 상품개발과 사업설계에 반드시 도움이 될 것으로 기대합니다.

소상공인 셀러들이라면 오히려 간단한 마진 계산이 필요할 수도 있고, 온라인 마켓에서 상품을 판매하고 있다면 광고 관리를 통해 광고비를 줄이고 효율을 개선하는 것이 더 필요할 수도 있겠습니다. 그러한 경우 저자의 다른 시리즈 책인 "최대비용 마진계산기", "광고 이론과 광고계산기" 등을 참조하면 상세한 실제 예시와 함께 많은 도움이 될 것이라 생각됩니다.

이 책에서 제공하는 시뮬레이션 원리는 제가 대학에서 연구하면서 수많은 상황에서 적용했던 기본적인 도구입니다. 따라서 누구나 상황에 맞게 응용해볼 수 있습니다. 생산량이 매번 달라질 때, 원가 계산할 때, 재무현황의 변동성을 예측해 볼 때에도 매우 유용할 것입니다. 아무쪼록 이 책에서 제공하는 내용을 활용하여, 창업을 준비하거나 새로운 상품을 개발하고 싶은 분들을 위해 시행착오를 줄일 수 있는 기회가 되기를 바랍니다.

이 모든 경험은 ㈜엘그린텍의 임직원들이 피와 땀으로 만들어 낸 노력을 바탕으로 하고 있습니다. 그러나 이 경험들조차도 고객들께서 저희 제품을 사랑해 주시고 잘 사용해 주신 덕분이라고 생각합니다. 모든 분들께 감사의 마음을 드립니다.

“

에듀컨텐츠·휴피아
ECH Educontents·Huepia

”

제1부.

수익성 평가 시뮬레이터의 기초와 제작 방법

"

에듀컨텐츠·휴피아
Educontents·Huepia

"

Chapter 01.
엑셀 시뮬레이션이 필요한 이유

1.1 몇 개의 상품을 판매해야 이익이 날까?

많은 사람들이 한 번쯤 창업을 꿈꾸게 됩니다.

공예에 소질이 있는 사람은 예쁜 디자인의 키홀더를 만들 수도 있고, 몸에 좋은 친환경 비누를 만들 수도 있을 겁니다. 굳이 창업을 준비하는 단계가 아니더라도, 이미 사업을 하고 있는 소상공인이라면 새로운 메뉴나 상품 출시 또는 상품소싱을 늘 고민하고 있을 겁니다.

수익구조를 모르는 막연한 기대감

그런데, 실제로 수많은 창업가들이 구상하고 있는 아이템에 대해 수익구조를 고민하지 않고, 판매가 잘 될 거라는 막연한 기대감으로 시작하는 경우가 많습니다. 대부분 초기에는 비용이 많이 들어가기 때문에 어느 정도 판매가 되어도 투자한 비용만큼 회수하기가 쉽지 않습니다. **그럼 몇 개를 판매해야 이익이 나기 시작할까요?** 소위 손익분기점이라는 지점이 됩니다.

1) 생산량에 따른 수익성 변화 예시

예를 들어, 1인 창업가가 수제 친환경 비누를 판매할 계획이 있다고 가정해 보겠습니다(**그림 1-1**). 1개 세트를 2만원에 팔고자 하는데, 사무실 집기류, 제조설비 등 초기비용으로 2,000만원이 들었습니다. 소규모로 일단 2,000개를 만들어서 모두 판매를 했습니다. 그런데, 원재료, 포장 비용 등의 경비가 2,200만원 들어가서 **200만원의 손실이 났습니다.**

그런데, 동일한 초기비용이 투자된 상황에서, 생산량과 판매량이 5,000개로 2.5배 늘었습니다. 그러면 생산단가가 낮아져서 비용이 총 7,500만원이 들어갔습니다. 결국 **영업이익 2,500만원 남고 적자에서 흑자로 돌아섰습니다.**

이와 같이 규모가 커지게 되면 단위비용이 감소하게 되고 수익률이 좋아집니다. 그러면, 여기서 몇 개를 팔면 손해가 나지 않을까요? 아마도 2,000개와 5,000개 사이 어디쯤일 겁니다. 정확히 판매량 목표를 찾기 위해서는 수익성 평가 시뮬레이션을 통해 비교해 보는 것이 필요합니다.

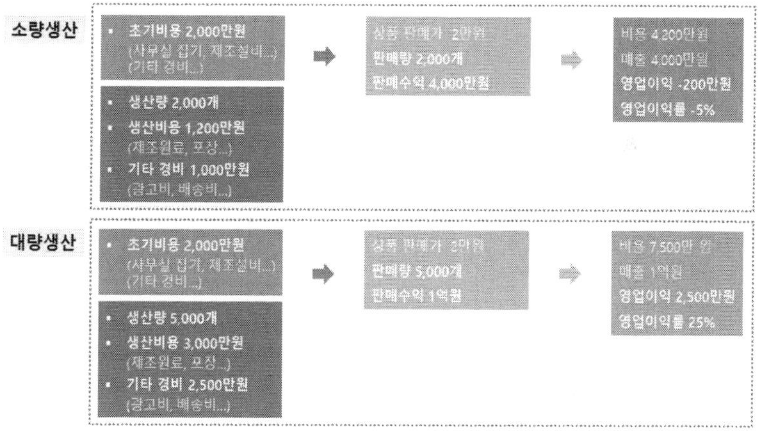

〈 그림 1-1. 생산량에 따른 수익성 변화 예시 〉

우리나라 제조업의 평균 이익은 5%

이와 같이, 생산량과 판매량에 따른 수익성이 달라질 수 있습니다.

그래서 사업성을 설계하고, 생산량을 조절하고, 원재료 구매량을 결정하고, 적절한 광고비를 책정해서 수익이 나도록 조정해 나가야 합니다. 우리나라 제조업의 평균 이익이 10%를 넘지 못합니다. 2021년도에 제조업은 6.8%이고, 비제조업은 4.6%로 더 낮습니다. 비용이 5%만 더 들어가도 손해를 보는 매우 팍팍한 구조입니다.

대부분의 **사입판매와 위탁판매에 해당하는 도매 · 소매업의 경우에는 2.7%**로 더욱 낮습니다. 그런데 이 통계값은 대기업을 포함한 것이므로, 만약 대기업을 빼고 중소기업만 본다면 이보다 더 낮아질 것입니다. 아마도 적자 소상공인들이 굉장히 많을 것으로 생각합니다. 따라서 **적절하게 비용 절감을 하지 않으면 많이 팔고도 적자가 날 가능성이 높습니다.**

1.2 팔면 팔수록 손실이 늘어난다

유튜브에 넘쳐나는 성공스토리?

유튜브에는 소상공인이나 창업, 부업 등의 분야에서 이미 수많은 성공 스토리를 볼 수 있습니다. 그러나 유행은 계속해서 변하고, 사업을 지속적으로 유지하기가 매우 어렵습니다. 예를 들어, 네이버 스마트스토어에서 위탁판매로 방안에서 쉽게 수입을 올릴 수 있다는 방법이 크게 유행한 적이 있습니다. 그런데, 너도나도 이를 따라하다 보니 경쟁이 심화되고, 이제는 매우 어려운 방법이 되어버렸습니다.

1) 사입판매 수익구조 변화 예시

사입판매나 위탁판매를 할 경우에 마진율이 매우 낮습니다. 아주 작은 마진을 위해 수많은 상품을 매입하고 판매를 하지만 결국에는 손실만 쌓이는 경우가 있습니다. 간단한 계산 예시를 통해 사입판매에서 수익구조가 어떻게 변할 수 있는지 한번 보도록 하겠습니다. 어떤 상품을 개당 20,000원에 1,000개를 매입할 계획입니다. 상품 포장을 해서 스마트스토어에서 30,000원에 모두 판매한다고 가정하겠습니다 **(그림 1-2)**.

처음 계획은 마진율이 매입비용 당 28% 정도로 예상되어 해볼 만한 사업이라고 생각했습니다. 게다가 실제로 모두 판매를 성공적으로 마쳤기 때문에 예상 이익은 560만원 가까이 나올 것이라고 기대할 수 있습니다. 대부분의 경우 이 정도로 마진을 계산합니다.

그런데, 상품 매입가와 포장 비용, 판매수수료 이외에도 시설비, 인건비, 세금뿐만 아니라 불명확한 각종 경비(교통비, 소모품비, 임차료, 난방비, 수도료, 광고비 등)가 추가로 들어갈 수 있습니다. 이러한 모든 추가 경비 합계가 만약 800만원이 들어갔다고 하면 영업이익이 오히려 −200만원이 되고, 영업이익률이 마이너스가 됩니다. 이 상태에서 매출을 늘리기 위해 과다한 광고비를 집행하게 되면 손실은 더 증가합니다.

결국 마진율도 높고, 열심히 비용도 아끼면서 사업을 했지만, 팔면 팔수록 손실이 커지는 상황이 되었습니다. 따라서 좀 더 정확한 수익성 평가 시뮬레이터를 사용해서 계획을 세우고 관리했더라면 더 좋은 결과를 얻을 수 있었을 것입니다.

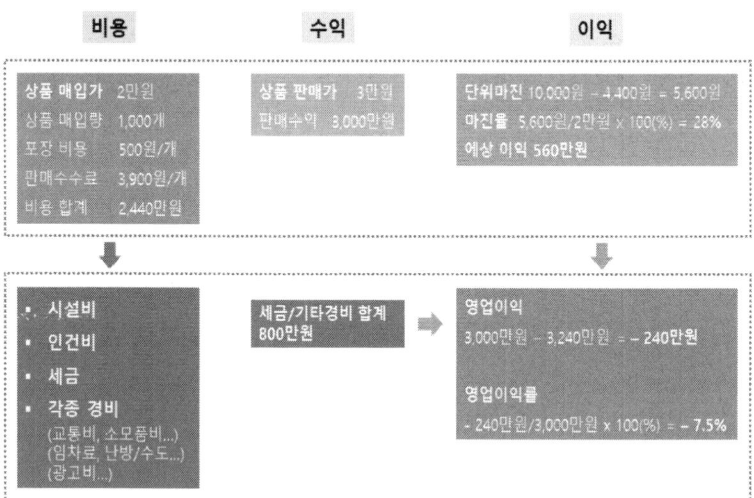

〈 그림 1-2. 사입판매 비용 및 수익 구조 변화 예시 〉

1.3 사업의 방식과 비용 구조

(1) 중요한 것은 지속가능성

1인 창업으로 어떤 상품을 기획하고, 위탁으로 생산하여 온라인에서 판매를 하는 경우, 매출이 생기지 않으면, 비용이 발생하고, 새로운 상품을 기획하게 됩니다. 상품을 사입하여 판매하는 경우나 위탁판매도 마찬가지입니다. 운이 좋게도 여러 개 시도한 것 중에 하나가 대박이 나면 일단은 성공적이라 할 수 있지만, 지속가능하지 않으면 안 됩니다.

유튜브에는 위탁판매를 통해 한 달에 수천만 원씩 벌었다는 내용이 나오지만, 안심할 수 없습니다. **시간이 지나면 매출이 줄어들 수 있고, 끊임없이 새로운 상품을 개발하거나 소싱해야 합니다. 그래야 안정적으로 사업이 지속될 수 있을 겁니다. 사업에서 가장 중요한 것은 지속가능성인 것 같습니다.** 꾸준히 현금흐름이 발생할 수 있고 이를 바탕으로 계속 새로운 상품과 서비스를 개발하고, 매출과 이익을 성장시켜 나갈 수 있는 사업이 최고일 것입니다.

매출을 늘리기 위해서는 광고비를 늘리면 됩니다. 그러나 매출만 늘어난다고 해서 이익이 반드시 늘어난다고 할 수는 없습니다. 따라서 처음부터 수익성 평가를 해야 하고, 사업이 변화함에 따라 계속해서 검토해야 합니다. 그래야 사업의 지속가능성을 유지할 수 있을 것입니다.

(2) 사업의 방식과 비용구조

사업을 상품 확보 방식에 따라, 위탁판매, 사입판매, 위탁생산, 제조판매로 구분해 볼 수 있을 것 같습니다(**그림 1-3**). 오른쪽으로 갈수록 최종 상품에 들어가는 회사의 직접적인 노력과 난이도가 증가합니다. 이 구분에 따라 비용 구조를 비교해 보았습니다. 아래 그림은 단순히 각각의 비용 부분만 상대적으로 비교하는 것임에 유의할 필요가 있습니다. 따라서 판매 직전의 상품에 들어가는 총 비용은 모두 동일하다고 보았습니다.

따라서 원자재 비용은 모두 동일하게 보았고, 위탁판매, 사입판매, 위탁생산, 제조판매로 갈수록 시설비는 늘어나고 판관비는 감소한다고 볼 수 있습니다. 여기서 소싱업체에 지불하는 수수료는 판관비로 보았습니다.

예를 들어, 사입판매나 위탁생산에서 상품을 소싱할 때 제공업체에서 가져가는 마진만큼 제조판매에서는 시설비와 인건비를 투입하여 직접 가치를 만들어 냅니다. 만약에 그 가치가 추가되는 비용보다 크다면 더 많은 이익이 남을 것입니다. 그렇지 않다면 사입판매나 위탁생산이 더 이익이 남을 겁니다. 따라서 이러한 사업방식은 어떻게 하느냐에 따라 비용과 이익이 결정되어서 어느 것이 유리하다고 딱 잘라 말하기는 어렵습니다. **어느 방식을 선택하든 중요한 것은 비용과 수익성을 잘 평가하고 관리해 가는 것이라 할 수 있겠습니다.**

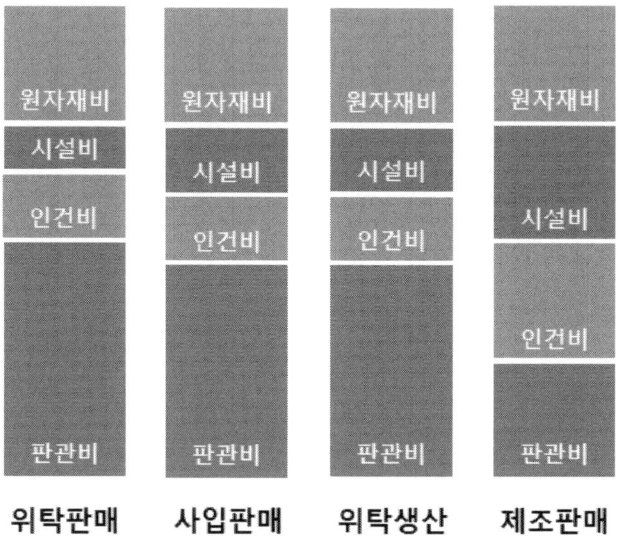

〈 그림 1-3. 사업방식과 비용 구조 〉

1.4 엑셀 시뮬레이터를 사용한 상품기획 사례

(1) 개인용 식용색소 엘틴 푸드칼라

저희 회사는 개인용 식용색소인 "엘틴 푸드칼라" 상품을 B2C 방식으로 판매하고 있습니다. 상품은 24가지 색의 다양한 구성으로 된 세트 상품 15종과 5g, 10g, 20g, 50g, 1kg 등 다양한 용량으로 총 87종의 상품을 직접 제조해서 판매하고 있습니다(**그림 1-4**).

이 식용색소 상품들은 주로 개인들이 많이 구매하지만, 베이커리, 식당, 공방, 미술학원, 어린이집, 유치원, 초중고, 대학, 슬라임카페 등 다양한 곳에서 대량이나 단체로도 많이 주문을 합니다. 주된 활용은 플라워케이크, 마카롱, 제과제빵 등의 식품용으로 주로 많이 사용되지만, 슬라임, 클레이, 스몰월드 등 어린이들 놀이에도 많이 사용됩니다(**그림 1-5**).

네이버에서는 "엘틴 푸드칼라"라는 스마트스토어를 운영하고 있고(**그림 1-6, ①**), 쿠팡에서는 식용색소로 검색을 하면 저희 상품이 1위를 달리고 있습니다(**그림 1-7**). 지금까지 약 50만 명 정도의 고객이 구매했을 것으로 추측하고 있고, 네이버/쿠팡 리뷰 수가 약 3만 개, 평점 4.8 정도로 식용색소하면 "엘틴 푸드칼라"를 먼저 찾아주고 계십니다. 1년 넘게 준비를 마치고 최근에는 북미 아마존으로 수출하고 있습니다.

eltin
play the food colors

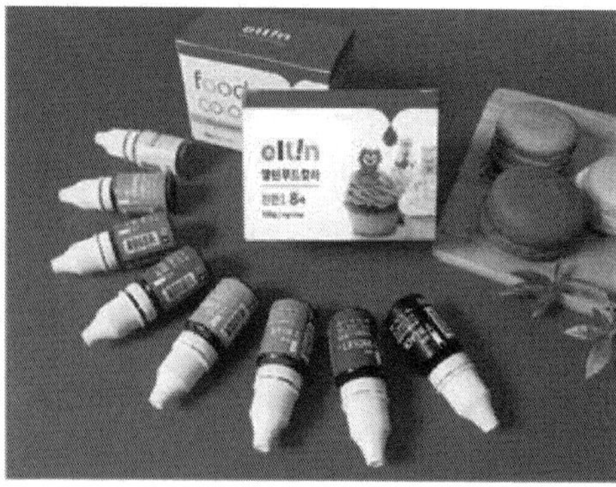

〈 그림 1-4. "엘틴 푸드칼라" 진한 1 세트 상품 〉

〈 그림 1-5. "엘틴 푸드칼라" 상품의 활용 분야 〉

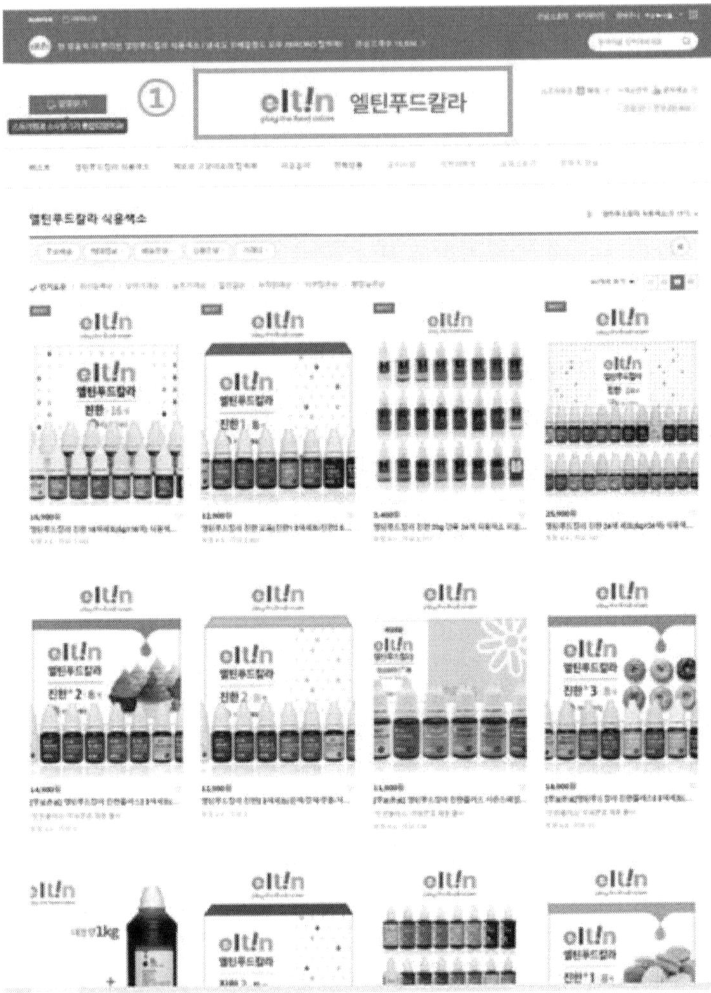

〈 그림 1-6. 네이버 스마트스토어 "엘틴 푸드칼라" 스토어 화면 〉

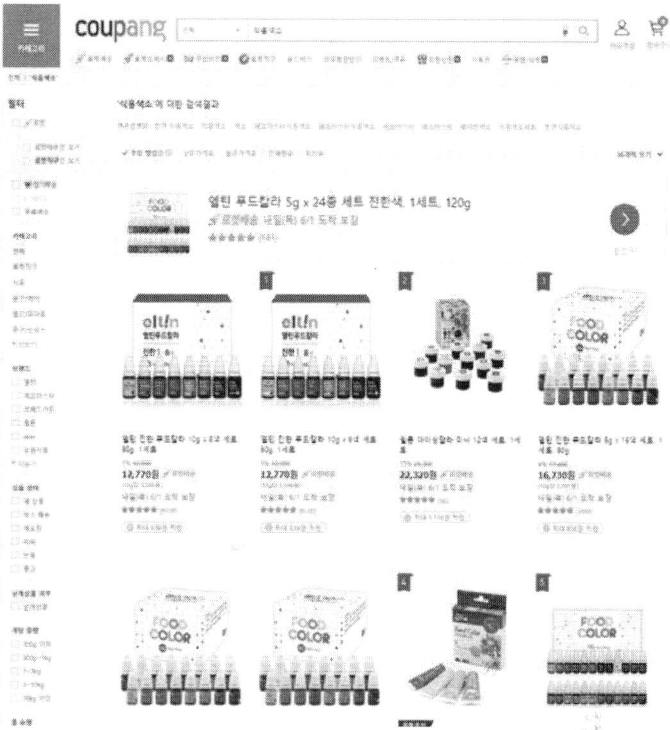

〈 그림 1-7. 쿠팡 "식용색소" 검색 화면 (상위 8개 중 6개 엘틴 푸드칼라) 〉

2018년 상품을 처음 출시한 이후로 거의 3년 만에 쿠팡에서 1위 상품이 되면서 연매출 11.5억 원을 달성했고, 국내 식용색소 전문제조업체로 브랜드 구축에 성공하였습니다. 전체 매출의 90% 이상을 네이버 스마트스토어와 쿠팡 로켓배송을 통해 판매하고 있습니다. 그러나 현재는 시장 및 소비자 환경의 변화에 따라 각종 원자재 비용과 광고비 부담이 꾸준하게 증가하는 상황입니다. 따라서 손익계산을 지속적으로 해야만 하고, 광고효율도 계속 높여야만 합니다.

(2) 지속적인 관리를 위한 시뮬레이터 활용

현재는 고객님들께 식용색소하면 엘틴 푸드칼라를 생각할 만큼 사랑을 받고 있습니다. 그러나 여전히 광고비와 수수료, 원자재 비용이 계속 증가하고 있습니다. 이렇게 환경이 변하는 상황에서는 비용과 수익을 계속 체크해 보지 않을 수 없습니다. 그래서 **변화된 비용의 반영, 판매 속도 검토, 가격 검토, 광고 효율 검토** 등에 이 엑셀 시뮬레이터를 지금도 계속 활용하고 있습니다.

최근에는 아마존으로 수출을 시작했습니다. 국내 시장과는 또 다르더군요. 물류비와 수수료 체계가 다르고, 광고비도 다르고, 그래서 또 시뮬레이터로 검토를 해서 가격을 설정했습니다. 지금 사업이 진행되면서도 과연 이익이 날 것인지 분석이 필요해 시뮬레이터를 계속 사용하고 있습니다.

아이템 검증을 위해 수익성 평가 시뮬레이션은 필수

저희 회사는 식용색소뿐만 아니라 다양한 신규 상품들을 기획해 왔습니다. 한번은 친환경 주방세제를 기획한 적이 있습니다. 연구개발은 끝이 나고 상품 출시를 준비하고 있었습니다. 그런데, 이마트와 같은 오프라인 매장에서 판매되는 메이저 상품들(LG생활건강 등)이 너무 저렴한 가격으로 판매를 하고 있어서, 도저히 그 가격대를 맞출 수가 없었습니다.

이때 엑셀 시뮬레이터를 활용해 우리 상품의 비용은 얼마나 드는지,

가격을 얼마로 하면 수익성이 있는지 등을 검토했습니다. 이럴 때는 가격을 올려 차별화되는 상품을 만들 수밖에 없습니다. 그런데 우리 상품이 그 정도의 차별화 포인트가 있는지, 가격이 적정한지를 검토한 결과 결국 포기를 하였습니다.

만약 이 사례에서, 저희가 상품 출시를 하고, 저렴한 가격에 판매를 했다면 팔면 팔수록 적자가 나는 상황이 될 수도 있었습니다. **엑셀 시뮬레이터로 미리 검토하고 예측해 보지 않았다면 더 큰 손실이 났을지도 모릅니다.**

1.5 상품기획 시 필요한 질문들

(1) 상품 구상할 때 궁금한 질문들

새로운 상품을 구상할 때 “이익이 얼마나 날까?”, “가격은 얼마로 할까?”, “이익이 나려면 몇 개를 팔아야 할까?” 하는 것들이 가장 먼저 생각나는 질문들일 겁니다. 물론 가격을 높게 책정하면 할수록 유리합니다. 그러나 판매를 생각하면 오히려 낮게 책정할수록 판매가 잘 될 것입니다. 물론 기본적으로 시장가격과 비슷한 범위에서 정해야 할 겁니다.

이러한 상황에서 궁금한 것은 “손실이 나지 않는 최소한의 가격은 얼마일까?”하는 것입니다. 재미있는 것은 생산량이 늘어나면 이 최소 가격은 더 낮아질 수 있다는 겁니다. 따라서 판매량을 가정하고 이 최소 가격을 미리 예측해 보는 것이 필요합니다.

새로운 상품을 개발하지 않더라도, 현재 어떤 상품을 판매하고 있다면, 이익률을 점검해 보거나, 향후 할인행사를 할 때 적정할인율과 판매량을 예측할 때 도움이 될 것입니다.

(2) 중요한 질문들의 사례

새로운 상품을 개발하면서 궁금한 질문들을 다음과 같이 정리해 보면 엑셀 시뮬레이터를 만들 때 방향성을 잡을 수 있어 매우 유용합니다.

- 구매량에 따른 원료의 단가는 얼마를 절약할 수 있고, 구매단위를 몇 개로 하는 것이 좋은가?
- 계획하고 있는 원자재 중에서 가장 비용이 많이 드는 항목은?
- 만약 비용절감이 필요하다면 어느 항목을 줄이는 것이 유리한가?
- 전체 비용 중에서 인건비, 원자재비 등 각 항목이 차지하는 비율은 얼마인가?
- 광고비는 어디까지 지출하는 것이 적정한가?
- 손실이 나지 않는 최소한의 상품 가격은 얼마인가?
- 이 가격으로 손실이 나지 않기 위해서는 최소 몇 개를 판매해야 하는가?
- 현재 판매되고 있는 상품의 가격과 판매량을 기준으로 이익률은 얼마인가?
- 초기 투자 대비 손익분기점은 언제일까?
- 할인행사를 한다면 할인율을 어느 정도로 하고 몇 개를 팔아야 할까?
- 생산량이 매번 달라지는데 생산단위를 어떻게 하는 것이 가장 좋을까?

- 상품 사입은 한 번에 몇 개를 하는 것이 손실을 줄이면서도 유리한 방법일까?

이와 같이 다양한 변수에 따라 특히 판매량, 가격, 원자재 비용에 따라 비교 검토하기 위해서는 엑셀을 이용한 시뮬레이션이 필수적입니다.

1.6 수익성 평가 엑셀 시뮬레이터가 필요한 이유

체계적 상품 기획과 관리를 위해 시뮬레이션은 필수

상품을 기획하는 모든 분들이 대략적인 비용과 책정가격, 예상 판매량 등을 이용해 간단하게 수익을 예측해 봅니다. 물론 엑셀을 사용해 예측을 해보는 경우도 많을 것 같습니다. 그런데 대부분 한두 번 예측해 보고 끝이 납니다. "수익성 평가 엑셀 시뮬레이터"는 이 과정을 조금 더 체계적으로 할 수 있도록 도와줍니다. 이 책에 나오는 방법에 따라 시뮬레이션을 해보면 아래와 같은 여러 가지 장점이 있을 것으로 생각합니다.

1) 사업의 구조를 이해하게 됩니다

어떤 항목이 중요한 비용으로 들어가게 되고, 영업이익률은 어떻게 결정되고, 당기순이익의 계산은 어떻게 되는지 등 너무 복잡하지 않지만 반드시 필요한 기본적인 회계 원리에 입각해서 내가 하고자 하는 사업을 이해할 수 있습니다.

2) 빠르게 예측해 볼 수 있게 됩니다

변화가 예상되는 값을 입력하기만 하면, 결과 값을 바로 알 수 있습니다. 그러면, 변화된 값의 영향을 알 수가 있습니다. 예를 들어, 판매량이 10,000개에서 12,000개로 증가하면 영업이익이 얼마나 늘어나는지 파악할 수 있습니다(영업이익이 반드시 20% 늘어난다고 볼 수는 없습니다).

3) 아이템 검증과 사업설계에 사용할 수 있습니다

초기 상품기획을 할 때 해당 아이템에 대한 수익성을 평가할 수 있습니다. 여러 아이템을 비교할 때 어떤 아이템을 먼저 할지 결정해 볼 수 있습니다. 그리고 해당 아이템으로 사업을 할 때 고려해야 할 것들을 정리하고 계획을 세워볼 수 있습니다. 이를 통해 잘못된 아이템의 상품 기획에 투자하는 시간과 노력과 비용을 방지할 수 있습니다.

4) 사업관리에 사용할 수 있습니다

이미 진행 중인 사업에도 관리를 위해 지속적으로 활용해 볼 수 있습니다. 원자재 구매계획을 수립할 때나, 생산관리, 재고관리 등에 응용할 수 있습니다. 그리고 환경이 계속 변하면 가격을 더 올려야 하는지, 판매량을 늘려야 하는지, 비용을 줄여야 하는지 등을 검토하고 판단하는 데 도움을 줄 수 있을 겁니다.

사업의 구조를 이해하는 기능이 가장 중요

저는 이 중에서도 **1)번이 가장 중요하다**고 생각합니다. 엑셀 시뮬레이터를 직접 만들어 보면서 사업의 구조를 이해하고, 핵심적인 항목이 어떤 것인지 파악할 수 있어, 더 중요한 것과 덜 중요한 것을 구별할 수 있게 됩니다. 그러면, 나머지는 저절로 될 수 있지 않을까 생각합니다.

1.7 누가 언제 사용하면 좋을까?

(1) 사업을 한다면 수익성 평가 시뮬레이션을 해야 한다

이러한 엑셀 시뮬레이터를 누가 사용하면 좋을까요? 저는 사업을 운영하는 소상공인이라면 누구나 필요하다고 생각합니다. 특히 1인 창조기업을 하시는 분이 공방에서 창작물을 판매하고자 할 때 유용할 것입니다. 대부분 단순히 좋은 상품을 제작하는데 열정을 다 쏟지만, 판매와 사업을 생각하면 비용과 자금의 흐름을 생각하지 않을 수 없습니다.

<u>수익성 평가 시뮬레이터 누가 사용하면 좋은가?</u>

1) 1인 창조기업
2) 식당, 카페
3) 제조업
4) 유통업 (사입판매, 위탁판매)
5) 상품개발부서나 연구개발부서의 상품기획자
6) 기타 모든 소규모 사업자

식당이나 카페를 운영하시는 경우에도 필요할 것 같습니다. 잘 운영하고 있다 하더라도, 계획적으로 사업의 구조를 이해하게 되면 비용절감도 가능하고, 이익도 늘어날 수 있을 것입니다. 사입판매나 위탁판매의 경우에는 마진이 중요하므로 더더욱 필요할 것입니다. 다음에 엑셀 시뮬레이터가 필요한 경우를 정리해 보았습니다.

1) 창업초기 아이템 구상할 때

그럼, 어느 시점에서 어떤 용도로 사용하는 것이 좋을까요? 먼저 창업 초기 아이템을 구상할 때에 아주 유용합니다. 이때는 상상으로 사업을 설계할 때이기 때문에 자유롭게 이런저런 구상을 하게 될 겁니다. 그때 한번 엑셀 시뮬레이터를 만들어 보면 생각이 정리가 되고, 가능성을 확인해 볼 수 있습니다.

2) 구체적인 계획을 수립할 때

다음으로는 구체적인 계획을 수립할 때입니다. 실제로 해당 상품에 대한 원자재비용, 경비, 생산량, 가격 등을 정해 나갈 때입니다. 이 때 다양하게 시뮬레이션을 해보고 하나씩 확정하면 반드시 도움이 될 것입니다.

3) 사업환경이 변화했을 때

그리고 사업이 진행되면서 환경이 변했을 때도 사용할 수 있습니다. 구매하고 있는 원자재의 구매단위가 변경되거나, 가격이 변했을 때, 새로운 장비를 구매해야 할 때, 수수료나 광고비가 올라갈 때, 새로운 인력을 채용해야 할 때 등 사업을 하다보면 수많은 새로운 일들이 발생합니다. 이때마다 사업구조를 다시 한 번 검토해 볼 필요가 있을 것입니다. 여전히 수익성이 나쁘지 않은지, 더 좋아질 수는 없는지 체크를 하면 좋습니다.

4) 사업을 관리할 때

사업을 진행하면서 다양한 관리를 위해 응용할 수 있습니다. 생산할 때 레시피를 바탕으로 작업지시서로, 얼마가 판매되고 원자재가 얼마나 남아있는지 파악하기 위한 재고관리용으로, 할인행사를 진행하고 싶은데 할인가를 얼마로 할지 목표판매량은 얼마로 할지 정하고 싶을 때 등 상황에 따라 사업관리를 위해 다양하게 응용해 볼 수 있습니다.

5) 새로운 상품을 기획할 때

사업을 하고 있더라도 새로운 상품을 기획할 때는 반드시 필요할 것 같습니다. 해당 상품의 경제성 평가가 있어야 상품을 출시할 것인지 아닐지를 결정할 수 있을 테니 말이죠. 이때는 반드시 회사대표가 직접 하지 않는 경우도 있을 것 같습니다. 상품개발부나 연구개발팀에서 어떤 상품을 개발하거나 기획하고 있는데, 최종적으로 상품의 경제성 평가를 이렇게 수행했다고 하면 상사가 매우 흡족해 할 것이라고 생각합니다. 제 경험으로는 연구개발부서의 박사들도 전공만 생각하기 때문에 이러한 경제성 평가를 간과하는 경우가 많았습니다.

6) 연구개발 및 실험을 계획할 때

사실, 이 책의 엑셀 시뮬레이터에 사용된 기본원리는 연구개발 시 실험계획 및 결과 비교할 때의 용도로 주로 사용되었습니다. 아마도 다양한 경우에 대해 예측해 볼 필요가 있는 연구개발자에게는 이를 잘 응용하면 상당한 효과가 있을 것이라 기대합니다.

7) 연말 결산할 때

한 해가 지나고 연말 결산할 때도 활용해 보면 좋을 것 같습니다. 법인의 경우 손익계산서를 발급받으면 내가 만들어본 손익계산과 비교해 볼 수 있을 겁니다. 게다가 그 값들이 정확하게 나오니까 엑셀 시뮬레이터의 값들을 더 정확하게 수정할 수 있을 것입니다.

이와 같이 언제 어떤 용도로 사용할 수 있는지를 정리해 보면 아래와 같습니다.

<u>수익성 평가 시뮬레이터의 용도</u>

1) 창업초기 아이템 검증
2) 신규 상품기획 시 경제성 평가
3) 상품출시 계획 수립
4) 원자재 및 상품 구매계획 수립
5) 환경변화에 따른 사업성 재검토 및 분석
6) 사업관리 (생산관리, 재고관리, 할인행사 계획 등)
7) 연말결산 회계관리 및 사업계획 수립
8) 기타 연구개발자 실험계획 등 다양한 응용

Chapter 02.

시뮬레이션이란?

2.1 시뮬레이션이란?

1) 시뮬레이션의 정의

시뮬레이션이란 실제로 실행하기 어려운 과정을 행하는 모의실험을 의미합니다. 대규모 실험을 실행하기 어려울 때는 작은 규모로 축소한 후에 실험을 수행해 볼 수도 있습니다. 현실에서 구현하기 어려운 경우에는 컴퓨터 시뮬레이션이 필요할 것입니다.

2) 모델과 시뮬레이터

시뮬레이션을 위해서는 실제 상황을 모사하여 만든 모델과 이를 구현할 수 있는 프로그램 도구인 시뮬레이터가 필요합니다. 날씨를 예측하는 모델이 좋은 예입니다. 날씨예측 모델은 대기의 운동, 지형, 기압, 온도 등의 다양한 변수와 이들 사이의 수학적 관계 방정식으로 구성되어 있습니다. 너무나 복잡하기 때문에 슈퍼컴퓨터를 사용하더라도 정확하게 내일의 날씨를 예측하기는 어려운 일입니다. **따라서 항상 틀릴 수도 있다는 것을 염두에 두고 결과를 100% 믿어서는 안 됩니다.**

3) 시뮬레이션의 효율성

시뮬레이션은 양날의 검과 같습니다. 실제와 조건이 유사하면 할수록 예측가능성은 높아집니다. 그러나 **실제와 조건을 유사하게 하려면 모델과 시뮬레이션 도구는 점점 더 복잡해지고 비용이 많이 들며, 효율성이 떨어질 수도 있습니다.** 따라서 얼마나 간단하면서도 결과를 받아들일 수 있을 정도로 예측할 수 있느냐 하는 것이 관건입니다.

4) 최적화 시뮬레이션

이 책에서 제공하는 시뮬레이터는 입력값을 넣으면 출력값이 나오는 일회성 계산 모듈이라고 할 수 있습니다. 만약 입력값을 변경하면서 최적조건을 찾는 **최적화 시뮬레이션이 필요한 경우에는 그림 2-1의 ②에 해당하는 순환과정**이 수반됩니다. 따라서 이 경우에는 직접 입력값을 변경하면서 순환과정을 수행할 필요가 있습니다. 공학 시뮬레이션 같은 경우에는 이를 루프 프로그램을 적용해서 어떤 범위의 입력값에서 자동순환을 통해 출력값을 얻은 후에 출력값의 오차를 최소로 한다든지 해서 최적값을 얻는 경우가 많습니다. 그런데 이 책에서 사용할 시뮬레이션에는 하나하나 값의 의미를 이해하는 것이 필요하기도 하고, 해당 시뮬레이션 문제가 일률적이지 않기 때문에 매번 직접 다른 경우의 입력값을 테스트해 보는 것이 더 적절하다고 볼 수 있겠습니다.

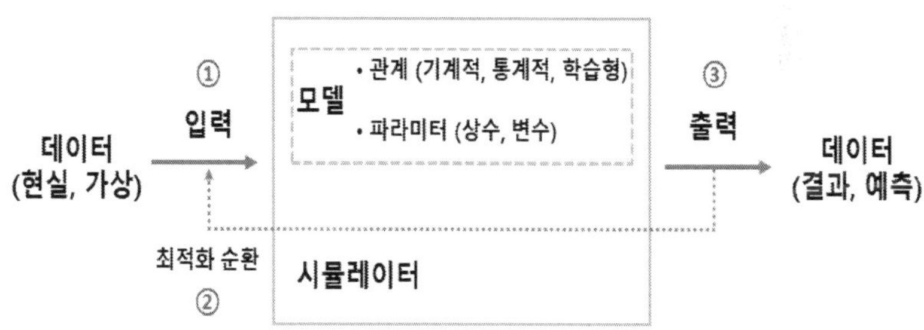

〈 그림 2-1. 시뮬레이션 개념 〉

2.2 사업에서의 시뮬레이션

사업 시뮬레이션이 어려운 이유

우리 모두 알고 있듯이 창업 성공률이 10%보다도 낮다고 합니다. 만약 창업하기 전에 컴퓨터 시뮬레이션을 해볼 수 있으면 얼마나 좋을까요? 그러면 실패하지 않고 창업을 할 수 있을 텐데 말이죠. 그런데 창업을 하고 사업을 하는 과정은 너무나 복잡해서 정확하게 모든 것을 시뮬레이션 하기는 어렵습니다.

그 이유는 너무나 많겠지만 대표적으로 보면, **먼저 변수가 너무 많다는 것**과, **그 변수들 사이에 상호관계가 낮다는 것**, 그리고 **그 변수의 결정에 인간의 생각이 수시로 관여한다는 것**입니다. 즉, 너무 많은 수학적 변수가 필요하고, 관계식을 설정하기 어렵고, 그렇게 하더라도 실제 사업이 진행되면서 이들이 수시로 변한다는 것입니다.

단순 계산에는 유용하다

그럼에도 불구하고, 단위 사건들에 대해서는 명확한 관계식을 설정해서 결과를 예측해 볼 수는 있습니다. 예를 들어, 가격이 10,000원인 상품 100개를 판매하면 100만원의 수익이 발생하고, 비용 80만원이 들었다면 20만원의 이익이 남으며, 영업이익률은 20%가 된다는 것은 명확하게 예측할 수 있습니다.

조금 더 들어가 볼까요? 일단 고정적인 비용으로 80만원이 이미 들어갔다면, 상품을 100개 더 판매하는 데는 원재료 비용으로 추가되는 30%만 더 필요하다고 가정하겠습니다. 그러면 총비용은 110만원이고, 총수익이 200만원이면 남는 이익은 90만원으로 영업이익률은 45%가 됩니다.

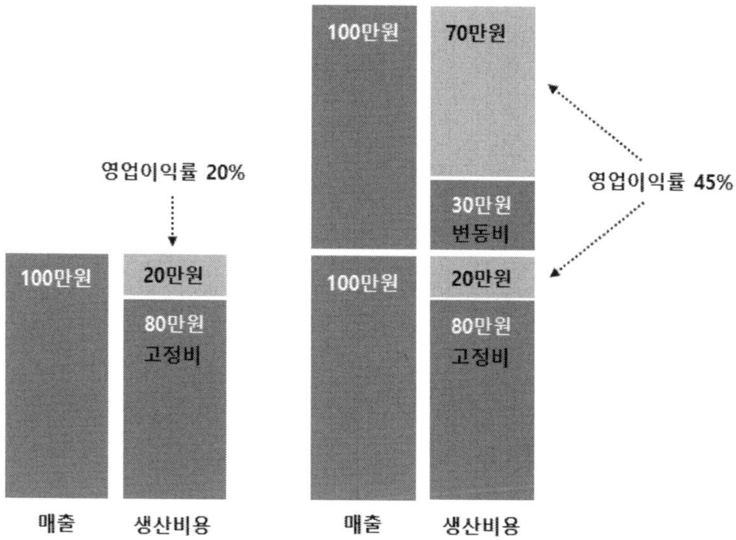

〈 그림 2-2. 단순한 영업이익률 계산 예시 〉

대략적인 예측에 유용하다

여기서 비용이 판매량에 따라 일정하게 증가하는 것이 아니고, 이익도 판매량과 무관하게 일정하게 유지되는 것이 아닙니다. 즉 판매량과 사업의 규모에 따라 달라집니다. 실제로는 인건비나, 광고비, 수수료, 시설비 등 더 많은 변수들이 영향을 미칠 것입니다.

만약에 가격이 12,000원이라면? 판매량이 500개라면? 생산량 5,000개 이상에서는 인력이 한 명 더 필요하다면? 각각의 상황에 따라 대략적으로라도 예측해 볼 수 있다면 창업을 준비하면서, 사업을 구상하면서 많은 도움이 될 것입니다.

복잡한 모델은 NO

그런데, 이러한 시뮬레이션 도구가 날씨예측 모델처럼 복잡하다면 어떻게 될까요? 사용자는 복잡한 모델을 이해할 수가 없습니다. 모델은 블랙박스로 남아있고, 결과만 받아들일 수밖에 없을 것입니다. "내일 비가 온다고 하니, 비가 올 거야"라고 믿을 수밖에 없을 것입니다.

그러나 사업에서는 그 이유를 명확히 이해할 필요가 있습니다. 그래야 달라지는 결과에 대응할 수 있고, 새로운 계획을 세울 수 있을 것입니다. **즉 모델의 구조와 관계식을 이해하는 것이 사업의 방법 그 자체일 것입니다.** 따라서 그 관계를 알게 되면 사업의 방법을 더 잘 이해하는 것이 됩니다.

쉽게 만든 엑셀만큼 쉬운 것은 없다

이와 같이 사업의 어떤 행위에 대해 결과를 예측하는 시뮬레이터는 간단해야 하고, 관계가 명확해야 하고, 이해하기 쉬워야 합니다. 그러한 의미에서, 본 책에서 설명하는 엑셀만큼 간단한 것은 없습니다. 게다가 관계식은 사칙연산으로 모두 설명이 됩니다. 창업을 준비하는 사장은 회계전문가도 아니고, 수학의 전문가도 아닙니다.

좋은 수익성 평가 시뮬레이터를 만들기 위해

가장 쉽게 사용하고, 결과를 예측할 수 있고, 계획을 준비할 수 있도록 도와줄 수 있는 시뮬레이터면 충분할 것입니다. 만약 이러한 시뮬레이터를 사용하지 않는다면 결과예측은 느릴 것이고, 계산은 틀릴 수도 있고, 사업에 대한 이해가 낮아 비효율적이 될 것입니다.

<u>**좋은 사업 수익성 평가 시뮬레이터의 조건**</u>

1) 복잡하지 않고 단순한
2) 사용이 편리한
3) 누구나 쉽게 만들 수 있는
4) 이해하기 쉬운
5) 고치기 쉽고, 확장하기 쉬운

2.3 시뮬레이션 관계식의 구성

(1) 시뮬레이션을 구성하는 핵심 용어

사업 수익성 평가 시뮬레이션에 사용되는 관계식들은 아래와 같은 4가지로 구성되어 있습니다.

1) **입력변수:** 직접 입력하는 값으로 변할 수 있는 값입니다. 특히 관심의 대상이 되는 값들이 해당될 것입니다. 판매량, 가격 등이 중요한 입력변수가 됩니다.
2) **상수:** 변하지 않는 고정값을 상수라 합니다. 1년은 12개월과 같은 값이 해당됩니다.
3) **관계식:** 입력변수와 상수, 출력변수 사이의 관계를 나타내는 식을 말합니다.
4) **출력변수(결과값):** 입력변수, 상수, 관계식으로부터 계산되어져 나오는 값입니다. 관심의 대상으로 구하고자 하는 값이 될 것입니다. 예를 들면 영업이익률 같은 것이 중요한 결과 값입니다.

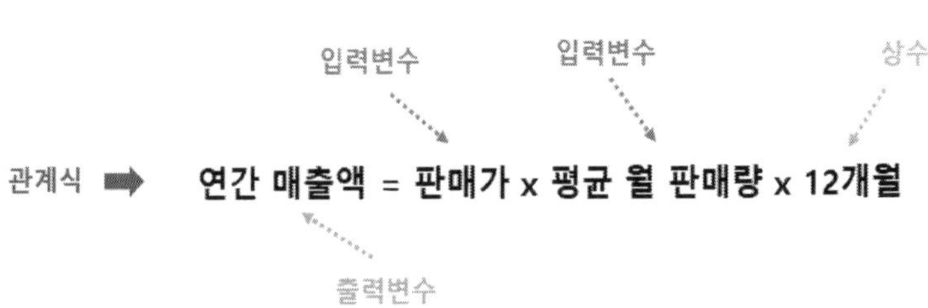

〈 그림 2-3. 관계식과 변수 예시 〉

2.4 시뮬레이션에서의 가정이라는 개념

시뮬레이션에서 중요한 것은 가정의 이해

시뮬레이션에서 가장 중요한 개념 중 하나는 "가정(assumption)"입니다. **시뮬레이션 결과는 가정이라는 조건하에서만 참입니다.** 즉, 입력하는 변수와 상수 값, 관계식이 모두 참일 때에만 결과도 참인 것입니다. 이 개념이 중요한 이유는 **결과를 받아들일 때 가정의 한계를 명확히 알고, 그렇지 않을 경우에는 다를 수도 있다는 것을 이해하는 것이 중요하기 때문입니다.**

효율성을 위해 대부분은 무시하자

관계식을 정할 때, 많은 부분을 무시할 만하다고 가정합니다. 예를 들면, 연간매출액 계산식에서 월 판매량은 입력변수로 매월 판매량의 일 년치 평균값을 입력해야 할 것입니다. 이것도 하나의 가정입니다. 매월 판매량은 동일하다는 가정입니다.

또 다른 예는 반품이 발생하거나 분실이 발생하는 경우는 없다고 가정하는 경우입니다. 만약 반품율과 분실율이 중요한 지표이고, 데이터가 있고, 관리할 필요가 있다면, 다음과 같은 추가 관계식을 사용하면 더 자세하게 분석할 수 있습니다. 그러나 이 식은 반품량과 분실량에 대한 입력변수 데이터를 추가로 필요로 합니다. 데이터 관리의 비용과 관계식의 복잡함이 발생합니다.

실질 평균 월 판매량 =
평균 월 판매량 - 평균 월 반품량 - 평균 월 분실량

상수 값도 흔히 많은 가정이 들어갑니다. 1년을 300일로 정하면, 65일은 휴일이라고 가정한 것입니다. 1주일 근로시간을 40시간이라고 정하면, 1일 8시간, 야간과 휴일은 일하지 않는 것으로 가정한 것입니다. 그러나 실제는 그때그때 다를 수 있을 것입니다.

적절한 수준의 예측을 위한 적절한 가정

여기서 어느 정도 수준으로 예측하느냐 하는 것은 의사결정의 영역입니다. 창업초기라면 세부적인 것까지 모두 살펴볼 여력이 없습니다. 따라서 사소한 것은 무시하고, 큰 틀에서만 분석하고 예측하는 것이 더 효율적입니다. 이 때 필요한 것이 적절한 가정입니다.

어떤 가정을 하고 결과가 나왔다면, 그 결과가 가지고 있는 의미를 이해하는 것이 중요합니다. “연간매출액 추정 값에는 반품량과 분실량이 포함되어 있지 않으므로 실제로는 매출이 더 낮을 수도 있겠구나” 라고 이해하고 있어야 합니다.

전체적으로 시뮬레이션을 하면서 유의해야 할 점을 정리해 보겠습니다.

시뮬레이션 할 때 유의해야 할 점

1) 관계식에 반영된 가정을 이해해야 합니다.
2) 계산을 수행하는 관계식을 이해해야 합니다.
3) 결과 값의 한계를 이해해야 합니다.
4) 필요에 따라 새로운 항목, 변수, 관계식을 추가하거나 제외할 수 있습니다.

2.5 시뮬레이터 활용 수준

(1) 시뮬레이터 활용 수준

이 책에 나오는 시뮬레이터를 활용하는 수준을 아래와 같이 나누어 보았습니다. 총 7단계로 **단계가 높을수록 시뮬레이터의 활용도가 높아질 것**이고, 사업에 대한 이해도가 높아져, 매출과 이익이 증가할 것이라 믿습니다.

그러나 1단계도 충분

그러나 단계가 너무 많다고 두려워 할 필요는 없을 것 같습니다. **1단계와 같이 기본개념을 이해하는 것만으로도 도움이 될 것**이라 생각하며, 일단 이해가 되면 나머지도 금방 해낼 수 있을 것으로 확신합니다.

직접 만들 수 있다면 최상의 효과

사실 독자께 기대하는 것은 **4단계 직접 만들 수 있는 것과 그 이후의 시뮬레이션까지 해볼 수 있기를 바랍니다.** 이 엑셀 시뮬레이터는 매우 간단하고, 실제로도 독자께서 어느 정도 하고 있을지도 모릅니다. 거기에 살을 약간 더 붙여 잘 활용할 수 있는 방법을 알게 되면, 훨씬 도움이 될 것이라고 생각합니다.

시뮬레이터 활용 수준
1단계 눈으로 기본개념을 이해할 수 있다
2단계 전체 시뮬레이션 과정을 이해할 수 있다
3단계 샘플 엑셀 시뮬레이터를 사용할 수 있다
4단계 엑셀 시뮬레이터를 직접 만들 수 있다
5단계 시뮬레이션을 통해 최적화와 목표 값을 찾을 수 있다
6단계 시뮬레이션을 통해 사업전략을 세울 수 있다
7단계 다른 분야로 응용할 수 있다

(2) 좋은 시뮬레이터를 위해 고려한 점

수익성 평가 시뮬레이터를 만들면서 다음과 같은 점을 고려하였습니다. 그래서 너무 복잡하지 않게, 수정이 쉽게, 이해하기 쉽게 만들었습니다.

1) 사업 운영에 대한 이해도를 높일 수 있게
2) 쉽고 편리하게 사용할 수 있게
3) 기본 회계 원리와 잘 일치하게
4) 응용하여 손쉽게 수정할 수 있게
5) 다양한 경우에 응용할 수 있게
6) 사용자가 새로운 시뮬레이터를 직접 만드는데 도움이 되게

Chapter 03.
수익성 평가 시뮬레이터 만들기

3.1 시뮬레이터 제작 기초 원리

(1) 제작 기초 원리 및 팁

판매하고자 하는 상품과 환경에 따라 엑셀을 구성하는 내용이 모두 다르므로 직접 만들 수 있다면 최선이 될 것입니다. 만약 여기 샘플 프로그램을 그대로 사용할 수도 있겠지만, 상황에 따라 다르므로 한계가 있을 것입니다. 기본 샘플 프로그램을 이해하고, 원하는 목적에 맞게 응용해서 직접 만든다면 효과가 세 배는 될 것입니다.

엑셀 시뮬레이터를 만들기 위해, 기본적인 원리와 유용한 팁을 몇 가지 소개합니다.

시뮬레이터 제작 기초 원리와 팁

1) 변수가 되는 입력값은 오렌지색 빈 창으로 만든다.
2) 계산을 통해 나온 값 중에서 중요한 출력값은 연두색 채워진 셀로 만든다.
3) 변동성이 있는 입력값은 파란색 빈 창으로 만든다.
4) 예외처럼 특별한 경우나 설명은 **메모를 삽입하여 내용**을 적어 둔다.
5) **단위를 반드시 표시**한다. (원, 천원, 백만 원과 같이 단위에 주의해서 계산식을 작성해야 한다)
6) **계산은 왼쪽에, 정보는 오른쪽에** 정리한다. (오른쪽에 정보를 두면 변동하는 가격 등을 오른쪽으로 확장하면서 업데이트하기 편리하다)
7) 계산된 값이 적절한 값인지 **반드시 검증**을 한다. (예를 들어, 음수면 안 되는데 음수가 나오는지, 값이 물리적으로 너무 큰 값이 나온다든지 확인 필요)

(2) 수익성 평가 시뮬레이터의 특징 및 가정

넘치지 않게 모자라지 않게

엑셀을 만들 때는 최대한 간단하게 만들면서도 핵심적으로 필요한 항목을 놓치지 않는 것이 필요합니다. 어떤 항목은 여러 경우의 가능성이 있어서 한 가지 값이 아닐 경우도 있습니다. 그럴 때는 대표적인 평균값을 사용할 수 있습니다.

수익성 평가 시뮬레이터의 특징 및 가정은 다음과 같습니다.

1) 누구나 사용하기 쉬운 함수들과 방법으로만 제작하였습니다.
2) 쉽게 응용하여 사용할 수 있도록 기본적인 원칙만 적용하였습니다.
3) 실제 상품을 개발하고 생산하는 사업자의 관점에서 구성하였습니다.(원재료의 단가와 용량, 생산단위와 생산량의 다양한 변수를 시뮬레이션할 수 있도록 하였습니다)
4) 회계의 가장 일반적이고 기초적인 원리를 적용하여 회계 원리에 어긋나지 않으면서도, 회계에 익숙하지 않은 일반 사업자들도 충분히 활용할 수 있도록 하였습니다.
5) 사입판매, 위탁판매 등 다양한 사업방식에 대해 수정한 시뮬레이터를 별도로 만들어서 사용하기 편리하도록 하였습니다.
6) 사입판매, 위탁판매 사업자를 위해 축소형 수익성 평가 시뮬레이터로서 마진 계산기를 별도로 만들었습니다.
7) 할인행사, 생산레시피, 원자재 재고관리, 상품 재고관리, 광고관리 등 사업관리에 필요한 계산기 및 시뮬레이터를 별도로 만들었습니다.

(3) 수익성 평가 시뮬레이터의 구성

8개 파트로 구성

상품 수익성 평가 시뮬레이터의 항목은 다음과 같이 크게 8개 파트로 구성되어 있습니다.

1) 원자재비, 2) 시설비, 3) 인건비, 4) 판관비, 5) 연간 비용 합계
6) 매출, 7) 손익계산, 8) 손익분기점

1)번에서 5)번까지는 비용을 계산하는 것이고, **6)번은 매출, 7)번과 8)번은 손익**을 계산합니다.

(4) 각 항목의 배치

1) 각 항목은 **직관적이 될 수 있게 비용은 빨간색, 매출은 파란색으**로 제목을 만들면 이해하기 쉬워질 것입니다.
2) 전체적으로 **위에서 아래로 항목을 배치**하여 순차적으로 계산이 될 수 있도록 합니다.
3) 원자재비 항목에서 **"구매정보"는 오른쪽에 배치**합니다. 즉, 왼쪽에는 가장 중요한 정보와 계산이 들어가고 오른쪽으로 갈수록 계산에 필요하거나 지원해 주는 또는 변동성이 있는 정보들을 배치하는 것이 편리합니다. 가격이나, 단위환산 값 또는 특이사항 등의 메모를 적어 놓아도 좋을 것입니다.
4) 광고관리와 같이 아래쪽으로 한 줄씩 추가하면서 매일 업데이트가 필요한 경우에는 **오픈 박스** 형태로 만들었습니다.

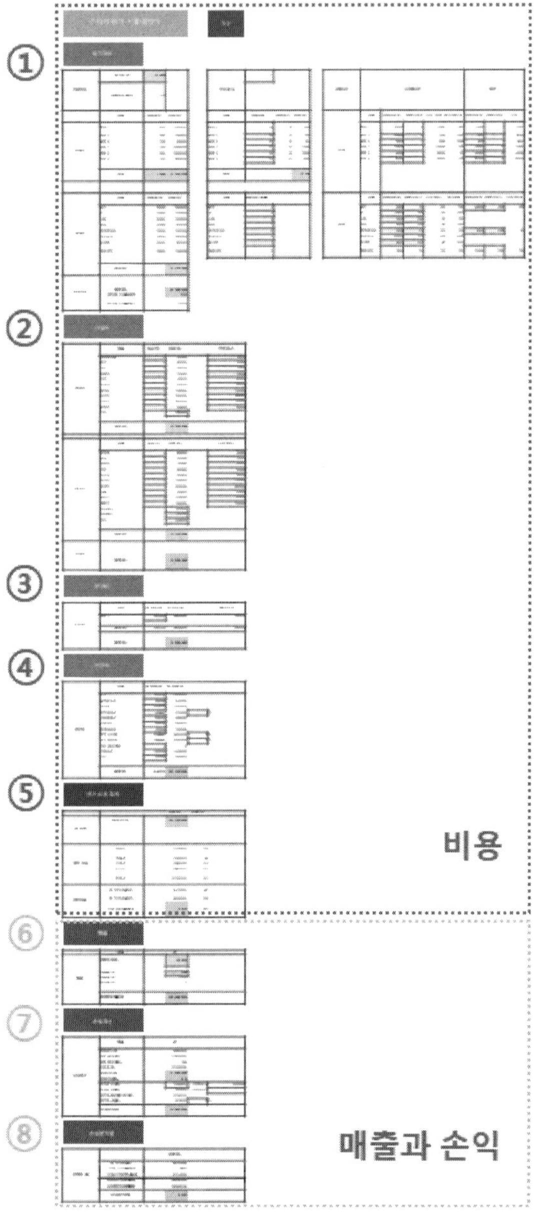

〈 그림 3-1. 수익성 평가 시뮬레이터의 전체 구성 〉

3.2 예시 문제 개요

아래에 기본 예시 문제에 대한 설명을 정리했습니다.

예시는 누구나 만들어 볼 만한 디퓨저로 선택했습니다. 용액은 적절한 조합비를 사용할 수 있고, 다양한 레시피를 인터넷에서 얻을 수도 있습니다. 디퓨저를 만들기 위한 원자재는 최소로 구성하였습니다. 사무실과 생산실을 두고, 최소의 기본 시설과 도구를 사용하여 직접 생산을 한다고 가정하였습니다. 경비로 회계에 사용하는 중요한 항목을 설정하였습니다. 상품의 가격과 용량, 판매량은 이해하기 쉬운 값으로 가정하였습니다. 여기에서 사용한 조건은 향후에 시뮬레이션 비교를 위한 대조구가 됩니다.

기본 예시 문제

- 상품: 디퓨저, 용량 100mL
- 핵심 가정: 가격 20,000원, 생산량 10,000개, 판매율 100%
- 원료: 6종
- 포장재료: 8종(용기, 캡, 스틱, 라벨, 양면테이프, 포장상자, 에어캡, 택배상자)
- 사무실 시설: 11종(테이블, 책상, 의자, 사물함, 선반, 싱크대, 냉장고, 에어컨, 컴퓨터, 프린터, 기타)
- 생산실 시설: 13종(작업대, 의자, 사물함, 선반, 싱크대, 냉장고, 에어컨, 저울, 혼합기, 세척기, 제조도구, 청소용구, 기타)
- 인건비: 직원 1명
- 판관비: 10종(급여(사장 급여 포함), 복리후생비, 임차료, 감가상각비, 수도광열비, 소모품비, 제세공과금, 마켓 수수료, 마켓 광고비, 기타 광고선전비, 순배송비, 기타)

3.3 수익성 평가 시뮬레이터 제작 - 비용

3.3.1 원자재비

그럼, 맨 위의 첫 번째 항목인 원자재비 박스들을 만들어 볼까요? 샘플 엑셀은 여러 가지 용매와 향료를 포함하는 디퓨저를 용기에 담아 상품을 만든다고 가정하였습니다. 즉, 무언가 성분을 혼합하여 내용물을 만들고, 이를 내포장 및 외포장을 하여 상품화하는 경우입니다. 많은 경우에 이와 유사한 방식으로 상품 구성이 가능할 것이므로 상황에 맞게 응용하면 될 것입니다.

원자재비 박스는 맨 왼쪽에 최종 **원료비와 자재비가 계산되어지는 박스**(그림 3-2, ①)가 있고, 그 오른쪽에 **단위생산에서의 성분 레시피 박스**(그림 3-2, ②)가 있습니다. 그 오른쪽에는 원자재 **구매정보 박스**(그림 3-2, ③)가 있고, 맨 오른쪽에는 원자재의 구매정보 **옵션 박스**(그림 3-2, ④)로 구성되어 있습니다.

원자재비는 **원료비**(그림 3-2, ⑤)와 **자재비**(**또는 재료비**, 그림 3-2, ⑥)로 구성되어 있습니다(재료가 원료와 혼동이 되는 경우가 있어 여기서는 "자재"라는 용어 사용). 이 경우에는 **내용물인 용액과 포장 및 추가 구성품은 분리**하였습니다. 이렇게 분리하는 이유는 원료의 혼합을 통해 만들 수 있는 내용물은 그 자체로 레시피로 활용할 수 있기 때문입니다. 뿐만 아니라 원료와 자재는 제품구매나 보관 등 성격이 다르기 때문에 분리하여 구성하는 것이 이해하기 더 쉽습니다.

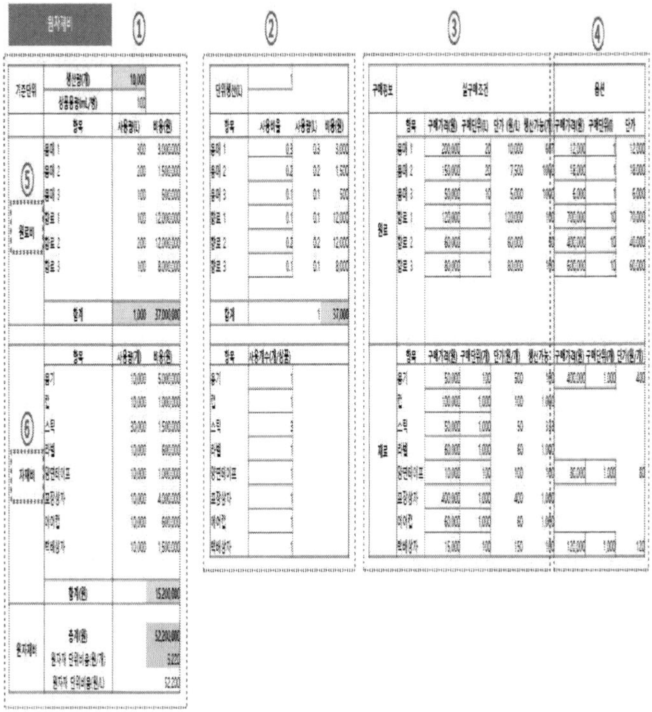

〈 그림 3-2. 원자재비 시뮬레이션 전체 박스 〉

(1) 기준단위 설정하기

맨 위에 먼저 기준이 되는 단위를 위한 셀을 만드는 것이 좋습니다(그림 3-3). 여기서는 "생산량"이 되겠습니다. **생산량이라는 이 기준단위에 따라 아래의 모든 값들이 영향을 받고 변하게 됩니다. 오렌지색창으로 만들어 이 값은 언제든지 바꿀 수 있는, 직접 입력하는, 계산되어 나오는 값이 아님을 표시하도록 합니다.** 여기에서 생산량을 10,000개로 가정해 봅니다. 이 값은 향후에 시뮬레이션에서 **가장 중요한 입력값이므로 오렌지셀 배경을 약간 연한 오렌지색으로 채워서 표시하였습니다.**

그 아래에는 상품 한 개의 용량을 입력할 수 있도록 합니다. **보는 바와 같이 단위를 "mL/병"으로 명확하게 표시합니다.** 여기서 "100"mL/병이라는 값도 상품기획 단계에서는 언제든지 변할 수 있습니다. 즉, 상황에 따라 변할 수 있는 값은 입력변수인 오렌지 셀로 표시해 두는 것이 편리합니다.

원자재비

기준단위	생산량(개)	10,000	
	상품용량(mL/병)	100	

〈 그림 3-3. 기준단위 설정 〉

(2) 레시피 박스

두 번째 박스에는 레시피를 정리하였습니다. 이 레시피 박스는 정보에 해당되므로 비용 계산의 오른쪽에 배치하였습니다. 그러나 구매정보는 더 근원적인 정보이기 때문에 구매정보를 더 오른쪽 박스로 배치하였습니다. 레시피는 아주 초기에는 변동성이 있겠지만, 어느 정도 상품화가 진행이 되고, 상품신고가 되면 크게 변하지 않습니다.

단위생산(L)	1		
항목	**사용비율**	**사용량(L)**	**비용(원)**
용매 1	0.3	0.3	3,000
용매 2	0.2	0.2	1,500
용매 3	0.1	0.1	500
향료 1	0.1	0.1	12,000
향료 2	0.2	0.2	12,000
향료 3	0.1	0.1	8,000
합계		1	**37,000**

항목	사용개수(개/상품)
용기	1
캡	1
스틱	3
라벨	1
양면테이프	1
포장상자	1
에어캡	1
택배상자	1

〈 그림 3-4. 레시피 박스 〉

여기서, **단위생산(그림 3-4, ①)**은 이해하기 쉽도록 "1L" 단위로 설정하였습니다. 단위생산을 "1L"로 할 경우 **사용비율(성분함량비, 그림 3-4, ②)**에 따라 사용량이 결정이 되고, 각 원료의 단가에 따라 **비용(그림 3-4, ③)**이 계산됩니다. 그 합은 예시에서 1L 당 37,000원의 원료비가 소요되는 것을 볼 수 있습니다. 즉, 내가 만드는 원료의 단위생산 당 원료비용을 알 수 있으므로 초기에 레시피 개발할 때 유용하게 비교할 수 있습니다.

오렌지 창의 성분비를 조정함으로써 원료비용을 가늠해 볼 수 있습니다. 예를 들어, 단가가 비싼 향료 1을 20%, 저렴한 향료 2를 10%로 변경하면, 비용은 1L 당 43,000원으로 올라가지만 더 고급스러운 향을 만들 수 있을 것입니다. 오렌지 창 입력 셀 값만 변경하면 간단하게 비교해 볼 수 있습니다.

> *Tip*
> 성분비 시뮬레이터(레시피 박스)는 초기에 상품 개발 시에 비용도 고려해야 하므로 반드시 필요합니다. 따라서 레시피 박스만이라도 별도로 만들어 상품개발 시에 활용해 보면 매우 유용할 것입니다.

단위생산 값은 매번 만들 때 이 용량으로 만들겠다는 의미는 아닙니다. 실제 생산을 위한 레시피는 왼쪽 박스의 생산량을 이용하는 것이 편리하고 뒤에서 다시 설명하겠습니다.

(3) 구매정보 박스

세 번째 박스에는 구매정보를 정리하였습니다. 이 박스는 계산에 필요한 원료와 재료의 구매단위와 가격을 정리합니다. 아래 각각의 항목은 향후에 구매계획을 세울 때 많은 도움이 될 것입니다.

구매정보		①	②	③	④		⑤	
		실구매조건					옵션	
	항목	구매가격(원)	구매단위(L)	단가 (원/L)	생산가능(개)	구매가격(원)	구매단위(l)	단가
원료	용매 1	200,000	20	10,000	667	12,000	1	12,000
	용매 2	150,000	20	7,500	1000	18,000	1	18,000
	용매 3	50,000	10	5,000	1000	6,000	1	6,000
	향료 1	120,000	1	120,000	100	700,000	10	70,000
	향료 2	60,000	1	60,000	50	400,000	10	40,000
	향료 3	80,000	1	80,000	100	600,000	10	60,000
	항목	구매가격(원)	구매단위(개)	단가(원/개)	생산가능	구매가격(원)	구매단위(개)	단가(원/개)
재료	용기	50,000	100	500	100	400,000	1,000	400
	캡	100,000	1,000	100	1,000			
	스틱	50,000	1,000	50	333			
	라벨	60,000	1,000	60	1,000			
	양면테이프	10,000	100	100	100	80,000	1,000	80
	포장상자	400,000	1,000	400	1,000			
	에어캡	60,000	1,000	60	1,000			
	택배상자	15,000	100	150	100	120,000	1,000	120

〈 그림 3-5. 구매정보 박스 〉

1) 구매가격

구매하는 원료나 자재의 가격으로는 정가를 입력하는 것이 좋습니다 **(그림 3-5, ①)**.

> *Tip*
> 할인으로 구매할 경우라도 정가로 입력하는 것이 좋습니다. 언제 다시 원래대로 돌아갈지 알 수 없기 때문입니다. 전체적으로 비용은 약간 보수적으로(높은 가격으로) 적는 것이 더 좋습니다.

2) 구매단위

구매가격 오른쪽 옆에 구매단위를 표시했습니다**(그림 3-5, ②)**. 원료 또는 자재는 구매량에 따라 가격이 크게 달라집니다. **한 번에 구매할 수 있는 최소량을** MOQ (Minimum Order Quantity, 최소 주문 수량)라고 하는데, 거래 초기에 MOQ를 요구하는 경우도 많습니다. 따라서 초기에 필요 없음에도 불구하고 불가피하게 MOQ 이상으로 구매해야 하는 경우도 있습니다.

반대로 대량으로 구매하는 경우 수량이 늘어날수록 단가가 낮아집니다. 판매가 순조롭게 되면 상황에 따라 원자재 구매계획을 변경할 필요가 생기고 이는 영업이익을 증가시키는 방법 중 하나입니다.

> *예시*
> 보통 라벨 인쇄는 최소 1,000매 또는 2,000매를 요구하는 경우가 있습니다. 최소구매량 이하로 만들면 단가가 높아집니다.

3) 단가

단가를 계산할 수 있는 셀을 만들어 두는 것이 좋습니다(**그림 3-5**, ③). 레시피를 개발 중이라면 단가는 성분비를 예측하는데 도움이 됩니다. 나중에 단가를 통해 원료나 자재의 종류와 구매처를 비교해 볼 수도 있겠습니다.

> *Tip*
>
> 새로운 원자재 구매처를 발견했을 경우에 오른쪽 빈 곳에 새로운 정보를 기록해 두면 나중에 구매계획을 세울 때 편리합니다.

4) 생산가능

생산가능 셀을 만들어 두면 유용합니다(**그림 3-5**, ④). 이 값은 해당 원료를 구매하면 상품을 몇 개 만들 수 있는지를 계산해서 나옵니다. 상품 1개 당 용량과 성분비, 구매단위의 함수로 계산을 하게 됩니다. 다양한 원료와 자재의 구매단위가 모두 다르고, 따라서 생산가능 상품 수도 다릅니다.

예시에서 보는 것처럼 향료 2는 한 통으로 50개, 라벨은 1,000개의 상품을 만들 수 있어 구매계획을 잘 만들지 않으면 원자재 재고가 남아돌 것입니다. 생산가능 셀을 만들어 두면 적어도, 어떤 원료를 구매했을 때 몇 개의 상품을 만들 수 있는지 가늠해 볼 수 있어 편리합니다.

5) 옵션

"실구매조건" 박스 오른쪽에 "옵션" 박스를 추가적으로 만들어 두면 좋습니다(그림 3-5, ⑤). 대부분의 원료나 자재는 구매단위에 따라 가격이 달라지므로 나중을 위해서라도 이러한 정보를 기록해 두면 단가를 낮추는데 유리합니다. 예시에서 보면, 용기의 경우 100개 단위로 구매하면 한 개당 500원이지만 1,000개 단위로 구매하면 한 개당 400원으로 20% 저렴하게 구매할 수 있습니다.

> *Tip*
> 옵션은 옵션 1, 옵션 2... 처럼 계속해서 오른쪽으로 추가해 나갈 수 있을 것입니다. 그리고 구매라인을 변경하여 구매단위와 가격이 변경되면 실구매조건과 옵션을 바꾸어 수정하면 됩니다.

(4) 원자재비 계산 박스

맨 왼쪽 박스에 원자재비를 계산하였습니다. 이 박스는 **원료비 박스(그림 3-6, ①)**와 **자재비 박스(그림 3-6, ②)**, 둘을 합친 **원자재비 박스(그림 3-6, ③)**로 구분하였습니다. 이렇게 구분하여 두면, 전체 비용에서 원료가 차지하는 비율과 자재가 차지하는 비율을 따로 알아볼 수 있습니다. 예시에서 보는 바와 같이 모든 셀은 오렌지 창이 없고 계산해서 나오는 값으로만 되어 있습니다.

1) 사용량

기준단위에서 가정한 또는 입력한 값 (예시: 10,000개)과 상품 당 용량을 기준으로, 각 원료에 해당하는 사용비율을 이용하여 **사용량(그림 3-6, ④)**을 계산할 수 있습니다. 자재 사용량은 기준단위와 상품 당 필요한 자재 개수로만 계산되어 집니다. (예시: 스틱의 경우 상품 한 개당 3개 필요하므로 30,000개가 필요합니다)

원자재비

		④	⑤
기준단위	생산량(개)	10,000	
	상품용량(mL/병)	100	
	항목	사용량(L)	비용(원)
① 원료비	용매 1	300	3,000,000
	용매 2	200	1,500,000
	용매 3	100	500,000
	향료 1	100	12,000,000
	향료 2	200	12,000,000
	향료 3	100	8,000,000
	합계	⑥ 1,000	⑦ 37,000,000
	항목	사용량(개)	비용(원)
② 자재비	용기	10,000	5,000,000
	캡	10,000	1,000,000
	스틱	30,000	1,500,000
	라벨	10,000	600,000
	양면테이프	10,000	1,000,000
	포장상자	10,000	4,000,000
	에어캡	10,000	600,000
	택배상자	10,000	1,500,000
③	합계(원)		15,200,000
원자재비	총계(원)	⑧	52,200,000
	원자재 단위비용(원/개)		5,220
	원자재 단위비용(원/L)		52,200

〈 그림 3-6. 원자재비 계산 박스 〉

2) 자재 필요량 박스

원료 레시피 박스 아래에 **자재 필요량 박스(그림 3-2, ②)**를 두었습니다. 하나의 상품을 만드는데 모든 자재마다 각각 한 개씩만 필요하다면 굳이 이 박스가 필요 없을 수도 있습니다. 그러나 예시에서 보는 바와 같이 스틱의 경우 상품 한 개당 3개가 필요하므로 간단하게 이 박스를 만들어 두면 계산에 오류를 줄일 수 있습니다.

> *Tip*
>
> 예를 들어, 한 번에 2개씩 주문하는 경우나 묶음배송이 발생하면, 택배상자는 상품 당 1개가 아닐 수도 있습니다. 평균적으로 3번에 한 번씩 2개를 주문한다면, 평균 0.75개의 박스가 소요될 것입니다. 이런 경우에 재료 필요량을 더 정확하게 입력해서 반영할 수 있을 것입니다.

3) 비용

비용(그림 3-6, ⑤)은 각 원료 및 자재의 사용량과 단가를 이용하여 계산합니다.

4) 원료 사용량 합계

원료의 사용량 합계(그림 3-6, ⑥)를 계산할 수 있도록 하였습니다. 예시에서는 10,000개의 상품을 만들 때, 총 1,000L의 용액이 필요합니다. **이 값으로부터 얼마나 많은 양을 만들어야 하는지 가늠해 볼 수 있습니다.** 1년 단위로 계획할 때도 필요하지만, 실제로 1회분 생산할 때 필요한 양을 계산하는 데 유용하게 사용할 수 있습니다. 생산을 위한 작업지시서로 활용하는 예는 뒤에서 더 상세하게 알아보겠습니다.

5) 원자재비 총계

원료비와 자재비 합계 각각(그림 3-6, ⑦)을 볼 수 있습니다. **원자재비 총계(그림 3-6, ⑧)**는 이들 원료비와 자재비를 합한 값입니다. 총계 아래 부분에, **원자재 단위비용과 같이 상품 한 개당 원자재 비용과 상품 용량 당 원자재 비용을 계산하는 셀을 만들어 두면 좋습니다.** 이 값들을 통해 상품 한 개를 만드는 데 원자재비가 얼마 들어가는지 가늠해 볼 수 있습니다. 만약 원료비와 자재비를 별도로 알고 싶으면 셀을 추가하여 계산할 수 있도록 하면 됩니다.

> *Tip*
> 중요한 계산결과는 연두색으로 채워서 눈에 띄게 만들면 좋습니다.
> 저자의 루틴이긴 하지만, 입력값은 오렌지의 비어있는 셀, 중요한 계산값은 연두색으로 채웠습니다. 더 중요할 경우 텍스트를 볼드로 하거나, 채우는 색을 더 진하게 설정해서 최대한 직관적으로 볼 수 있도록 하면 편리합니다.

> *Tip*
> 원자재비 계산 박스와 레시피 박스, 구매정보 박스의 각각의 동일한 항목은 같은 행으로 만드는 것이 좋습니다. (구매정보의 재료 박스의 용기는 원자재비 계산 박스의 용기와 행을 일치시키기 위해 원료박스 향료 3 아래에 3개 행을 비워두었습니다.) 원자재비 계산식 함수를 만들 때 통일성 있게 추가하거나 복사 붙여넣기 할 수도 있으며, 행 삽입에도 좋고, 함수를 수정할 때 식을 더 쉽게 이해할 수 있습니다.

3.3.2 시설비

시설비 박스는 크게 **사무실(그림 3-7, ①)**과 **생산실(그림 3-7, ②)**로 구분하고 **총 시설비(그림 3-7, ③)**에 대한 박스로 구성하였습니다. 각 시설에 대해 항목과 필요한 개수, 단가를 입력하면 비용을 계산할 수 있도록 하였습니다(**그림 3-7, ④**). 사무실과 생산실 각각에 대한 합계와 이를 더한 총계를 계산하여 표시하였습니다(**그림 3-7, ⑤**).

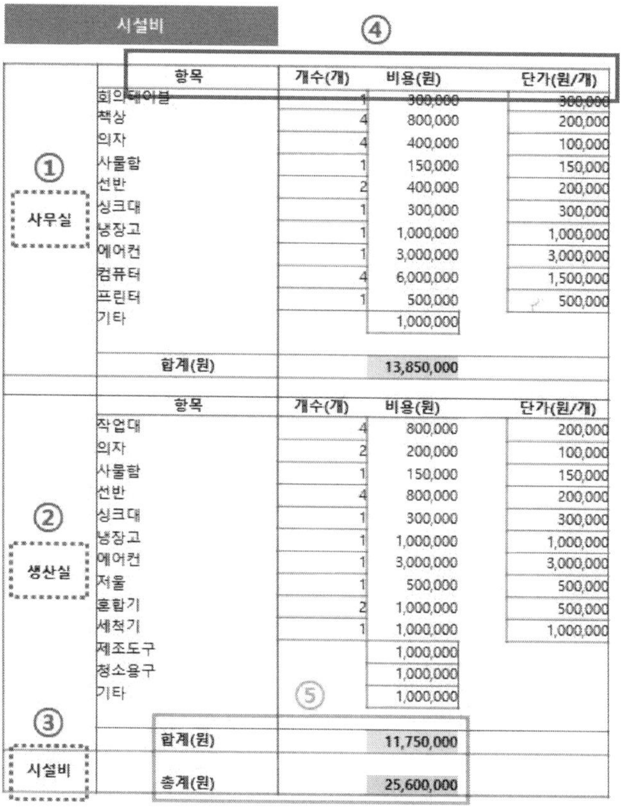

시설비 ④

	항목	개수(개)	비용(원)	단가(원/개)
① 사무실	회의테이블	1	300,000	300,000
	책상	4	800,000	200,000
	의자	4	400,000	100,000
	사물함	1	150,000	150,000
	선반	2	400,000	200,000
	싱크대	1	300,000	300,000
	냉장고	1	1,000,000	1,000,000
	에어컨	1	3,000,000	3,000,000
	컴퓨터	4	6,000,000	1,500,000
	프린터	1	500,000	500,000
	기타		1,000,000	
	합계(원)		13,850,000	
	항목	개수(개)	비용(원)	단가(원/개)
② 생산실	작업대	4	800,000	200,000
	의자	2	200,000	100,000
	사물함	1	150,000	150,000
	선반	4	800,000	200,000
	싱크대	1	300,000	300,000
	냉장고	1	1,000,000	1,000,000
	에어컨	1	3,000,000	3,000,000
	저울	1	500,000	500,000
	혼합기	2	1,000,000	500,000
	세척기	1	1,000,000	1,000,000
	제조도구		1,000,000	
	청소용구		1,000,000	
	기타	⑤	1,000,000	
③	합계(원)		11,750,000	
시설비	총계(원)		25,600,000	

〈 그림 3-7. 시설비 계산 박스 〉

공장이 별도로 필요한가?

시설비는 보통 초기에 투자되는 고정비라고 할 수 있습니다. 보통 1인 창업기업이나, 소상공인은 사무실과 공장으로 굳이 분리하지 않고 하나로 합쳐서 만들어도 무방할 것입니다. 그러나 **제조업으로 등록을 하게 되면 공장에 필요한 시설은 별도로 관리할 필요가 있기도 하고, 해당 업종의 법령 상 요구하는 경우도 있습니다.**

아래에 있는 각 시설 항목들은 초기 사무실과 공장에 필수적인 것들로만 구성해 보았습니다. 상황에 따라 수정하면 되고, **혹시나 사무실을 꾸밀 계획 중에 있다면 참고할 만한 정보**가 될 것 같습니다.

임차보증금

초기에 사무실과 공장을 임차할 경우 보증금은 고정비로 산입할 수 있을 것입니다. **예치한 비용이므로 여기에서는 제외**했지만, 보수적으로 접근할 경우 여기에 포함시켜도 될 것입니다. 그럴 경우 간단하게 한 줄 더 넣으면 됩니다.

1) 사무실

창업초기에 필요한 가장 기본적인 물품으로 구성해 보았습니다.

- **사무가구 및 시설**

1인 기업의 경우 최소 1개만 있어도 되지만, 그러할 경우에도 약간의 여유가 있는 것이 좋습니다. 단기근로자가 필요한 경우도 있고, 향후에 인력이 늘어날 것을 미리 대비할 필요도 있습니다. **가끔 국가근로나 인턴십, 현장실습생 등 정부에서 지원하는 프로그램을 이용할 수도 있는데, 이를 위해서 책상 한두 개는 확보해 두는 것이 좋을 수 있습니다.** 예시에는 책상 4개와 의자 4개, 컴퓨터도 4개로 가정하였습니다.

이외에 프린터, 선반, 사물함, 싱크대, 냉장고, 냉난방 시설은 적어도 필요하지 않을까 생각됩니다. 아무리 초기에 **1인 기업으로 시작하더라도 회의테이블은 하나 있는 것이 좋습니다.** 구성원들끼리 회의를 하거나 도시락을 먹을 수도 있고, 손님이 올 경우도 있습니다.

2) 생산실

생산실, 즉 공장은 상황에 따라 천차만별일 것 같습니다. 공방일 경우에는 사무실에서 직접 작업해도 되고, 식당일 경우에는 주방 시설이 될 수 있을 것입니다. 디자인이나 컨설팅, IT 기업과 같이 굳이 생산실이 필요 없는 경우에는 상황에 맞게 조절하여 사용하면 될 것입니다. 다만, 예시에서는 공방이 약간 규모가 커져서 소규모의 대량생산이 가능한 것을 염두에 두고 작성해 보았습니다. 즉, 예시에서는 디퓨저를 연간 10,000개 생산하는 규모와 유사하게 가정하였습니다.

● **기본시설**

물품보관을 위한 사물함, 선반, 쾌적하고 안전한 작업을 위해 냉난방 시설이 필요합니다.

● **제조시설**

제조를 위한 시설과 도구들이 필요할 것입니다. 예시에는 최소로 작업대, 저울, 혼합기, 제조도구(용기 등)를 가정하였습니다. 이외에 세척기와 청소도구가 반드시 필요한 경우가 있을 것이고, 예시에서는 이를 포함시켰습니다.

● **기타**

다양한 기타 물품들을 합쳐서 기타라는 항목을 두는 것이 좋습니다. 이 항목을 통해서 불명확한 비용들을 통합하여 설정함으로써 노력도 줄이고 복잡함도 피하면서, 전체 비용을 맞출 수 있기 때문입니다.

> *Tip*
>
> 사실 시설비에 들어가는 여러 가지 항목들을 이 엑셀에서 모두 적을 필요는 없습니다. 오히려 초기 투자비는 별도의 워크시트에 구체적으로 예측해 보고, 수익성 평가 시뮬레이터에서는 시설비 한 줄로 만드는 것이 더 직관적일 수도 있습니다.

3.3.3 인건비

인건비 계산 박스에는 직원의 수에 따라 월 급여를 입력하면, 년 급여와 퇴직금을 계산할 수 있도록 하였습니다**(그림 3-8, ①)**. 여러 직원이 있을 경우를 대비해 각 **항목별(월 급여, 년 급여, 퇴직금)로 합계(그림 3-8, ②)**와 **전체 총계(그림 3-8, ③)**를 표시하였습니다.

인건비는 정규직, 비정규직 직원의 월급을 포함하겠지만, **퇴직금과 사장의 급여, 4대보험 분담금 등을 포함**하는 것이 좋을 것입니다. 퇴직금은 보통 퇴직금 수령 전 3개월 평균 급여를 기준으로 연간 수당 및 급여를 포함한 금액의 1/12로 책정합니다. 상여금도 포함시켜서 비용으로 고려해 두는 것이 좋습니다. 예시에서는 간편성을 위해 4대보험 분담금은 제외하였고, 퇴직금은 포함하였습니다. 사장 1인과 직원 1인으로 2명의 직원으로 최소로 가정하였습니다. 이 중에서 **직원 1인은 생산직으로 인건비에 포함시키고, 사장의 급여는 뒤에 나오는 판관비에 포함시켰습니다.**

인건비

		직원	월 급여(원)	년 급여(원)	퇴직금(원)
인건비	직원 1		2,200,000	26,400,000	2,200,000
		합계(원)	2,200,000	26,400,000	2,200,000
		총계(원)		28,600,000	

〈 그림 3-8. 인건비 계산 박스 〉

1) 사장의 급여

1인 창업을 시작하는 경우나 개인회사의 경우에 가끔 사장의 급여를 비용으로 책정하지 않고 남은 이익을 가져가는 정도로 생각하는 경우가 있습니다. 법인은 당연히 대표의 급여가 비용에 포함되겠지만, **개인회사의 경우에도 사장의 급여를 반드시 비용에 포함**시켜 보수적으로 접근하는 것이 좋습니다.

2) 신규 채용

직원 1인 채용 시 추가로 발생하는 비용은 급여뿐만 아니라 예상보다 많이 필요로 합니다. **퇴직금, 보험, 수당, 복리후생비, 필요 시설 등 보통 급여의 1.4배 정도 비용이 추가로 발생한다고 생각해야 할 것입니다.** 작은 기업일수록 더 적을 수도 있겠지만, 추가비용이 발생한다는 사실은 반드시 염두에 두어야 합니다.

3.3.4 판관비

판관비는 판매관리비의 약자로 상품을 직접 생산하는 데 필요한 비용을 제외한 판매, 광고, 사무 등 영업행위를 유지하는데 필요한 기타 모든 경비를 포함합니다. 법인의 경우 표준재무제표를 보면 수많은 항목들이 존재하지만, 여기에서는 가장 대표적인 것만 간단하게 정리하였습니다.

판관비 계산 박스에는 항목, 월 비용을 입력하면 년 비용이 계산될 수 있도록 하였습니다(**그림 3-9, ①**). **항목**은 대표적인 급여, 복리후생비, 임차료, 감가상각비, 수도광열비, 소모품비, 제세공과금, 마켓 수수료, 마켓 광고비, 광고선전비, 순배송비, 기타로 구분하여 예시를 들었습니다(**그림 3-9, ②**). **감가상각비**는 시설비 총계를 내용연수로 나누어 계산할 수 있도록 하였습니다(**그림 3-9, ③**). 그리고 마지막으로 **연간 비용 총계**를 표시하였습니다(**그림 3-9, ④**).

판관비는 매출원가 계산에서 제외

판관비는 손익계산할 때 매출원가에서 제외됩니다. 즉, 상품을 만들 때 들어가는 직접적인 비용에서는 제외됩니다. 따라서 매출원가가 얼마다라고 했을 때 실제로는 판관비를 포함한 더 많은 비용이 소요되었다는 것을 염두에 둘 필요가 있습니다.

복잡한 매출원가 계산

실제 매출원가 계산에서는 훨씬 복잡합니다. 여기에 분류한 다양한 과목들이 **일부는 매출원가 계산 시 경비에 포함될 수도 있고 일부는 판관비에 포함될 수도 있습니다.** 예를 들면, 임차료를 사무실은 판관비로 공장은 매출원가 계산 시 경비로 나누어 회계처리할 수 있습니다. 사업운영을 할 때 이를 다 구분할 필요는 없지만, 회계가 그렇게 처리된다는 사실은 염두에 두고서 나중에 재무제표를 받았을 때 각 지표를 이해하면 더 좋을 것입니다.

판관비

	항목	월 비용(원)	년 비용(원)	
판관비	급여	2,500,000	32,500,000	
	복리후생비	200,000	2,400,000	
	임차료	1,000,000	12,000,000	
	감가상각비	426,667	5,120,000	5년
	수도광열비	200,000	2,400,000	
	소모품비	200,000	2,400,000	
	제세공과금	100,000	1,200,000	
	마켓 수수료	2,166,667	26,000,000	13%
	마켓 광고비	1,666,667	20,000,000	10%
	기타 광고선전비	0	0	
	순배송비	-200,000	-2,400,000	
	기타	200,000	2,400,000	
	총계(원)	8,460,000	**101,520,000**	

〈 그림 3-9. 판관비 계산 박스 〉

1) 급여

급여를 판관비에 넣을지 매출원가의 비용에 넣을지 혼동이 많습니다. 그러나 이는 인력의 역할에 따라 달라지는데, **생산직의 경우에는 매출원가 계산 시 비용에 포함되고 판관비에는 포함되지 않습니다. 대신에 영업, 사무 등의 인력은 판관비에 포함됩니다.** 예시를 위해 여기에서는 사장 1인의 급여를 판관비에 포함시켰습니다. 초기 작은 규모의 사업체에서는 모든 직원이 생산에 관여할 수도 있기 때문에, 모든 급여를 생산직으로 간주하고 판관비에서 제외시켜도 됩니다. 이 경우에는 단순한 이해를 위해 더 유리하며, 급여를 매출원가에 포함시켜 보수적으로 접근할 수 있다는 점에서 나을 수도 있습니다. 사업운영이 점점 더 구체화되면 예시에서처럼 더 명확한 회계기준을 따라 분리하면 될 것입니다.

2) 복리후생비

복리후생비는 보통 급여의 5-10% 정도 소요됩니다. 교육, 도서제공, 식대, 상품권, 회식비 등 직원의 복리후생을 위한 비용이 필요한 경우가 있습니다. 초기에는 거의 없을 수 있지만, 사업이 안정화가 되면 점차 늘려가야 한다는 것을 염두에 둘 필요가 있습니다.

3) 임차료

예시에서는 사무실과 생산실 포함 2개 호실 총 30평 정도를 가정하였습니다. 보증금은 목돈으로 필요한 부분이지만 나중에 돌려받을 수 있는 예치금 성격이기 때문에 예시의 계산에서는 제외하였습니다.

4) 감가상각비 (그림 3-9, ③)

실제 소규모 사업을 시작할 때 감가상각비를 고려하지 않는 경우가 많습니다. 그러나 장기적으로 보면 이 부분을 비용으로 고려해 두는 것이 적절합니다. **감가상각비는 어떤 유형자산을 구입할 때 지불한 금액을 비용으로 계상하고 자산의 금액에서 공제하는 절차**입니다. 즉, 유형자산의 가치가 해마다 감소한다는 것을 반영하는 것입니다.

감가상각비는 2가지 의미가 있습니다. 하나는 장비나 시설을 구입한 비용을 여러 해에 걸쳐 회계 상 분산시키는 효과가 있습니다. **그렇지 않으면 구입한 해에 비용이 너무 크게 발생하여 적자로 나올 수 있기 때문**입니다. 또 하나는 장비의 가치가 소멸되었을 때를 대비하여, 해당 장비를 신규로 구입하기 위한 비용을 미리 준비해 두어야 한다는 의미입니다.

보통 회계 절차에서는 장비의 경우 5년 ~ 10년, 건물 30년 ~ 50년, 토지는 내용연수가 무한하다고 보고 감가상각하지 않습니다. 손익계산에서 적자가 되지 않기 위해 감가상각비 배분 비용을 조절할 수도 있습니다. 예시에서는 5년을 내용연수로 입력할 수 있도록 하고 시설비 총계를 이 내용연수 값으로 나누어 계산할 수 있도록 하였습니다.

- **감가상각비 = 시설비 / 내용연수**

5) 수도광열비

전기세, 수도료, 가스비 등이 여기에 포함됩니다.

6) 소모품비

각종 사무용품이나 비품 구매 등에 소요되는 비용입니다.

7) 제세공과금

각종 행정수수료, 납부금, 세금 등에 비용이 발생할 수 있습니다.

8) 마켓 수수료

요즘은 대부분 상품 판매를 온라인 채널에 의존합니다. 주로 네이버 스마트스토어, 쿠팡 윙, 11번가, G마켓, 인터파크와 같은 오픈마켓이 있고, 쿠팡 로켓배송의 경우 온라인 B2B의 성격으로 볼 수 있습니다. 오프라인 채널로는 이마트, 롯데마트, 홈플러스, 편의점 등이 있겠습니다. 이런 판매 채널들은 판매 수수료를 받는데, 오픈마켓의 경우에는 보통 마켓과 카테고리에 따라 다르지만 6~13% 정도 됩니다. 11번가, G마켓 등에서 네이버 검색 연동할 경우에는 2%를 추가해야 합니다. 로켓배송이나 오프라인 채널, 그리고 홈쇼핑 같은 경우에는 수수료가 35% 이상인 경우가 대부분입니다. 이러한 판매 수수료는 정확하게 판매 개수에 따라 비례하여 증가하는 비용입니다. 예시에서는 마켓 수수료를 13%로 가정하였습니다.

9) 마켓 광고비

광고비의 경우에는 판매 개수에 정확하게 비례하지는 않지만 광고비를 집행할수록 판매 개수가 대체로 비례하여 증가하게 됩니다. 광고비 집행액을 매출에 비례하는 값으로 미리 산정할 수는 없고, 광고수익률 등에 따라 집행한 후 결과적으로 매출과 얼마나 비례해서 집행되었는지를 알 수 있습니다. 그러나 예시에서는 대략 10%로 가정하였습니다.

10) 기타 광고선전비

마켓 광고비를 제외한 추가 광고료, 홍보비 등을 여기에 포함시켰습니다. 다른 판관비는 어느 정도 고정되어 있지만, 광고선전비는 매출이 발생하고 확장이 진행됨에 따라 유동성이 큽니다. **전체적인 수익구조를 고려하지 않고 매출 확대만 바라보고 광고비를 증가시키면, 매출은 큰데 적자가 나는 경우가 있습니다.**

11) 순배송비

배송비는 온라인 판매를 주로 하는 업종의 경우 중요한 항목입니다.

그런데, **배송업체와 대량배송 계약을 하면 할인이 가능해, 오히려 이익이 될 때가 있습니다**. 예를 들면 네이버스마트스토어에서 건당 2,500원에 배송료를 별도 책정을 했는데, 배송업체와는 건당 2,000원에 계약했다면 500원의 이익이 발생합니다.

12) 기타

회계 절차에서는 기타라는 과목이 없지만, 사업을 운영하는 관점에서는 나머지 비용을 대략적으로 잡아두는 것이 편리합니다. 여기에는 4대보험료, 내일채움공제, 여비교통비, 차량유지비, 통신비, 접대비, 보험료, 경상연구개발비, 운반비, 도서인쇄비 등이 포함될 수 있습니다.

3.3.5 연간비용 합계

연간비용 합계 계산 박스는 크게 **총 비용(그림 3-10, ①)**, **세부 비용(그림 3-10, ②)**, **가변비용(그림 3-10, ③)** 박스로 구분하였습니다.

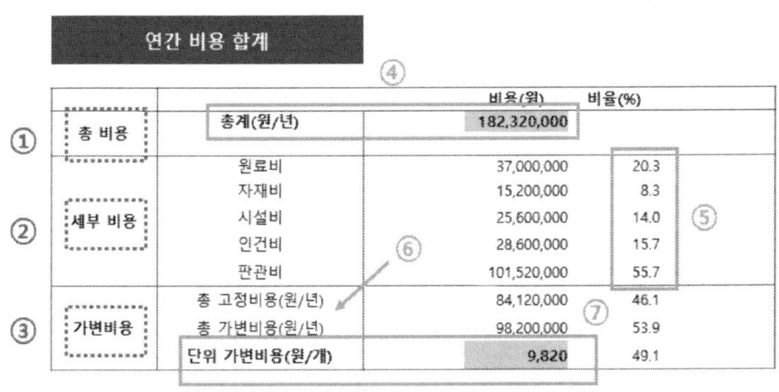

〈 그림 3-10. 연간비용 합계 계산 박스 〉

1) 총 비용

총 비용 총계(그림 3-10, ④)는 위에서 4개로 분류한 비용들 원자재비, 시설비, 인건비, 판관비 중에서 시설비는 제외한 나머지 3개 항목을 모두 더하였습니다. 시설비는 회계 원리에 따라 감가상각비(판관비에 포함된)의 형태로 총 비용에 포함되어 있습니다. 따라서 실제 필요한 시설 투자비용의 1/5만 이 총 비용에 포함되어 있다는 것을 염두에 두어야 할 것입니다. 예시에서는 사장 포함 직원 2명이 30평 공간에서 디퓨저 10,000개를 생산해서 판매할 때 소요되는 비용이 대략 1.8억 원 정도로 나왔습니다.

2) 세부 비용

비용이 어느 부분에서 많이 들어가고 있는지 이해하기 위해서 비율을 계산하는 셀을 만들어 두는 것이 편리합니다(그림 3-10, ⑤). 예시에서는 원료비와 자재비를 분리하여 5개 항목에 대해 비율을 계산할 수 있도록 하였습니다. 원료비 약 20.3%, 자재비 8.3%, 시설비 14%, 인건비 15.7%, 판관비 55.7%인 것을 확인할 수 있습니다. 이 비율의 합계는 시설비를 총 비용에서 제외했기 때문에 100%가 아니라는 사실에 유의할 필요가 있습니다.

사장의 급여를 판관비에 포함시켰으므로 실제 인건비는 30%가 넘을 것이고 그만큼 판관비는 줄어들 것입니다. 사업을 운영하면서 원자재비는 적게 들어가는 데 남는 게 없다고 느낀다면 인건비와 판관비에 비용이 많이 들어가고 있다고 이해해야 합니다. **실제로 생산과 무관하다고 생각되는 경비에 의외로 많은 비용이 소요됩니다.**

보통 제조업을 하게 되면, 원료와 재료의 단가에 관심을 많이 두고 절약을 하지만, 실제로 기타 경비가 해마다 올라 감당이 되지 않는 경우가 많이 있습니다. 예시에서 볼 수 있듯이, 생산에 들어가는 원자재비는 30%가 되지 않지만, 전체적으로 겨우 적자를 모면하는 정도로 운영이 될 수도 있습니다.

3) 가변 비용

상품을 생산할 때 들어가는 비용을 크게 고정비용과 가변비용으로 구분할 수 있습니다(**그림 3-10, ⑥**). 고정비용은 시설비와 같이 초기에 투자되는 비용이나 임차료와 같이 고정적으로 들어가는 비용으로 생산량과 무관한 비용이고, 가변비용은 원자재비와 같이 생산량이 늘어날수록 비례하여 늘어나는 것입니다.

여기에서는 원자재와 매출에 따라 증가하는 판관비 중 마켓 수수료와 마켓 광고비를 가변비용으로 가정하고, 나머지는 계산의 단순함을 위하여 고정비용으로 가정하였습니다.

- **총 고정비용 =**
  인건비 + 판관비 - 마켓 수수료 - 마켓 광고비

총 가변비용을 생산량으로 나누면 개당 **단위 가변비용(그림 3-10, ⑦)**을 구할 수 있습니다. 이 값은 나중에 손익분기점 계산에 활용됩니다.

- **단위 가변비용 = 총 가변비용 / 생산량**

여기서 판매량으로 나누지 않고, 생산량으로 나눈 것은 생산에 들어가는 비용은 원자재비로 이미 지출이 되었고, 판매량에 해당하는 마켓 수수료와 광고비는 판매량 기준으로 이미 계산된 총 비용이기 때문입니다. 즉, 재고의 마켓 수수료와 광고비는 제외된 비용으로 상품 개당 가변비용이 반영되었다고 할 수 있습니다.

3.4 수익성 평가 시뮬레이터 제작 - 매출과 손익계산

3.4.1 매출

매출 계산 박스는 **판매가(그림 3-11, ①)**를 입력하고, **판매율(그림 3-11, ②)**을 입력하면, 판매량과 재고량을 알 수 있고, 판매량 값을 이용해 **총 판매액(매출)**이 계산될 수 있도록 하였습니다(그림 3-11, ③).

매출

	항목	값
①	판매가(원/개)	20,000
②	판매율(%)	100
매출	판매량(개)	10,000
	재고량(개)	0
③	총판매액(매출) (원)	200,000,000

〈 그림 3-11. 매출 계산 박스 〉

1) 판매가

예시에서는 디퓨저 한 개의 판매가를 20,000원으로 책정하였습니다. (이 값은 오렌지 창 입력 값으로 아주 중요한 값이기 때문에 연한 오렌지색으로 채우는 셀로 만들었습니다.)

2) 판매율

생산한 모든 상품이 판매될 수 없기 때문에, 판매율을 입력 값으로 하고 이로부터 판매량을 계산하는 방식으로 했습니다. 판매율도 중요한 입력변수이므로 연하게 채워진 오렌지색 창으로 표시하였습니다. 우선은 계산의 편의성과 비교를 위해 판매율은 100%로 가정하였습니다.

3) 판매량

판매량은 생산량에 판매율을 곱해서 계산이 됩니다. 그러면, 재고량은 생산량에서 판매량을 빼면 알 수 있습니다.

- **판매량 = 생산량 x 판매율(%)/100**
- **재고량 = 생산량 - 판매량**

예시에서는 판매량이 생산량과 동일하게 가정하였습니다. 그러나 실제로는 생산 단계에서 불량품이 발생하는 경우도 있고, 배송 단계에서 훼손되는 경우나 반품되는 경우도 있습니다. 심지어 분실되는 경우도 있습니다. 따라서 실제로는 판매율 100%인 경우에도 생산량보다 적은 상품이 판매된다고 보아야 하며, 규모가 커져서 불량률, 훼손률, 반품률, 분실률 등의 데이터를 기록하고 관리할 수 있는 정도가 되면 더 좋겠지만, 작은 사업체 규모에서는 이런 데이터를 관리할 정도의 여유가 없습니다. 다만, 대략 2~5% 정도의 미 판매분이 발생하고, 이 부분을 제외한 판매 가능한 생산량을 가용생산량으로 생각해 두는 것이 좋을 것입니다.

4) 총 판매액

즉 매출에 해당되는 값입니다. 예시에서는 1년에 2억 원의 매출이 발생한 것으로 보았습니다. 예시에서 지금까지의 결과를 대략 정리하면, 2천 5백만 원의 시설을 투자하여, 2명이 1년 동안 약 5천만 원의 원자재를 구입하여 10,000개의 디퓨저 상품을 생산 및 판매하면서 인건비 포함 경비로 약 1억 3천만 원이 들어갔고 매출 2억 원을 달성하였습니다.

- **총 판매액(매출) = 판매가 x 판매량**

5) 부가가치세

모든 상품에는 10%라는 부가가치세가 붙어서 최종 구매자가 지불합니다. 부가세는 법인의 경우 3개월에 한 번씩 신고를 하게 되고, 정리하여 많이 냈으면 환급받고, 적게 냈으면 추가 납부해야 합니다. 즉, 물건을 구매하면 부가세를 지불한 상황이고, 상품을 판매하면 부가세 수입이 생기는 상황입니다.

따라서 사업 초기에는 구매하는 것이 많기 때문에 부가세 환급이 발생하는 경우가 많습니다. 마치 수입이 별도로 생기는 것처럼 생각될 수도 있습니다. 그러나 부가세는 기본적으로 수입도 지출도 아니기 때문에 이를 감안해야 할 것입니다.

Tip

예시에서 적용한 가격은 모두 부가세를 포함한 가격으로 하였습니다. B2C 판매가 주를 이루는 소상공인이나 창업기업은 거래가 대부분 부가세를 포함한 가격으로 산정하는 것이 편리합니다. 그러나 B2B로 기업간 거래가 주인 품목일 경우에는 공급가액을 기준으로 산정하는 경우도 있기 때문에 이를 고려해야 합니다.

Tip

예시에서 판매가도 부가세 포함이고, 원료의 가격도 부가세 포함한 값입니다. 전체적으로 균형을 이룬다고 가정하면 1년간 부가세 납부금은 0일 것입니다. 그러나 원자재 비용보다 판매수익이 많기 때문에 대부분 부가세를 환급받기 보다는 납부하는 경우가 많습니다. 예시의 계산에서는 전체적으로 균형을 이룬다고 본 것이기 때문에, 부가세 납부하는 비용이 추가로 발생할 수 있다는 점을 감안해야 합니다. 더 정확하게는 이 비용은 판관비에 고려되어야 합니다.

3.4.2 손익계산

손익계산 박스는 가장 간단한 회계 원리를 반영하여, 손익계산 흐름에 따라 순차적으로 항목(**그림 3-12**, ①)별로 하나하나 계산될 수 있도록 하였습니다.

손익계산

손익계산	항목	값		
	매출원가(원)	80,800,000		
	매출 총이익(원)	119,200,000		
	매출 총이익률(%)	59.6		
	판관비(원)	101,520,000		
	영업이익(원)	**17,680,000**		
	영업이익률(%)	**8.8**		
	영업외 수익(원)	10,000,000	대출금(원)	50,000,000
	영업외 비용(원)	2,500,000	대출금리(%)	5
	법인세비용차감전 순손익(원)	25,180,000		
	법인세 비용(원)	2,518,000	10%	
	당기순이익(원)	**22,662,000**		

〈 그림 3-12. 손익계산 박스 〉

법인의 경우 1년간 사업운영을 하고 나면 재무제표를 받게 됩니다. 보통 지난 1년간 거래한 내역을 세무법인에 제공하면, 대신 기장을 해서 재무제표를 작성하여 제공해 주고 세금신고를 하게 됩니다. 12월 결산 법인의 경우에는 이 작업이 3월까지 진행되고, 3월 말에 법인세 신고를 마감한 후에, 4월 초에 표준재무제표를 국세청으로부터 발급받을 수 있습니다.

회계와 세무는 매우 복잡하여, 사장이나 경리도 정확하게 이해하기 어렵습니다. 다만 그 결과를 이해할 수 있을 정도로 기초적인 것은 알아두면 많은 도움이 됩니다. 특히 재무제표의 하나인 손익계산서는 한

해 경영 성과를 정리한 것이기 때문에 예시에서 핵심적인 것만 포함시켜 해당 상품의 수익성 평가를 해보고자 합니다.

1) 손익계산서의 흐름

손익계산서는 매출원가 비용으로부터 시작해서, 판매를 통한 매출 총이익, 판관비를 고려한 영업이익을 1차로 계산합니다. 그 후에 영업이외의 수익과 비용을 고려하고, 법인세를 고려하여 최종 당기순이익을 계산하게 됩니다. 즉 비용으로는 매출원가, 판관비, 영업외 비용, 부가세 비용이 들어가고, 수익으로는 매출, 영업외 수익이 포함됩니다.

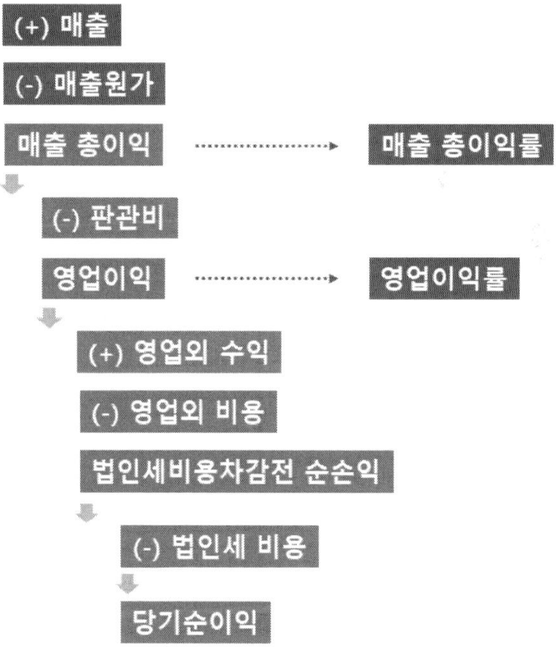

〈 그림 3-13. 손익계산서 계산의 흐름도 〉

2) 매출원가

매출원가(그림 3-12, ①)는 상품을 만들거나 서비스를 제공하는데 직접적으로 관련 있는 모든 비용을 말합니다. 회계 절차상으로는 제조원가로 부르기도 하는데, **세무법인에서는 제조원가명세서를 별도로 작성하여 제공해 줍니다.** 여기에 포함되는 주요 과목은 **원재료비, 노무비, 경비로 분류됩니다.** 노무비에는 생산직의 급여와 상여금이 포함됩니다. 경비의 경우에는 제조와 관련되는 판관비와 유사한 항목들이 포함됩니다. **즉 판관비에 해당하는 과목들을 분리하여 일부는 제조와 직접 관련되는 것으로 보고 제조원가에 계상하고, 그렇지 않은 것은 판관비에 계상하게 됩니다.**

예시에서는 매출원가를 연간 총 비용에서 판관비를 제외하고 마켓 수수료와 광고비는 포함한 것으로 가정하였습니다. 이러한 가정에는 여러 가지가 고려되었음을 이해할 필요가 있습니다. **판관비의 일부가 매출원가에 반영되지 않았기 때문에 실제 매출원가는 더 큰 값이 될 것입니다.**

그러나 시설비가 매출원가에 그대로 포함되었기 때문에 실제 매출원가는 더 작게 반영될 것입니다. **시설비에 계상한 각종 시설 중에서 해당연도 감가상각비만큼만 (예를 들어, 5년 내용연수로 한다면 1/5만큼 제조원가명세서 과목에서 경비 중 감가상각비에 반영됩니다) 매출원가에 반영되어야 할 것입니다.**

예시에서의 수익성 평가는 엄격한 회계절차를 하는 것이 아니기 때문에 대략적인 예측이라고 할 수 있습니다. 다만, 이러한 가정으로 계산되어진다는 것을 염두에 두는 것이 각 지표를 이해하는 데 도움이 될 것입니다.

3) 매출 총이익

매출 총이익(그림 3-12, ①)은 매출에서 매출원가를 뺀 값으로 예시에서는 약 1억원으로 계산됩니다.

▪ 매출 총이익 = 매출 - 매출원가

4) 매출 총이익률

회계절차의 손익계산서에는 나오지 않는 지표이지만, 관리 차원에서 **매출에 대한 이익률(그림 3-12, ①)**이 얼마나 되는지 이해하는 데 도움이 됩니다. **예시에서는 59.6%로 매우 높은 것처럼 보입니다. 그러나 이는 판관비를 고려하지 않은 값이므로 실제 이익률하고는 거리가 있습니다.** 다만, 실제 생산과 관련되어서 소요된 비용을 고려한 값으로서 의미가 있습니다.

▪ 매출 총이익률 = 매출 총이익 / 매출 x 100(%)

5) 영업이익

영업이익(그림 3-12, ②)은 **회사가 영업활동을 통해 순수하게 남은**

이익을 말합니다. 영업이익은 회사의 본래 목적인 영업을 통해서 얼마나 이익이 발생했느냐를 의미하므로 회사의 건전성을 나타낸다고 할 수 있습니다. 따라서 여기에는 이자수익이나 투자수익, 정부지원과제를 통한 수익은 제외됩니다.

- **영업이익 = 매출 총이익 - 판관비**

6) 영업이익률

영업이익률(그림 3-12, ②)은 매출 중에서 영업이익이 차지하는 비율인데, 기업의 생산성과 효율성을 나타내는 지표 중 하나입니다. 많은 중소기업이 10% 미만으로, 현대자동차조차도 10%를 넘지 못하고, 삼성전자도 10% 약간 상회하고 있습니다. 애플의 경우는 40% 내외라고 하니 얼마나 대단한 기업인지 알 수 있습니다. 우리나라 식품업의 평균 영업이익률은 약 5% 정도로 회사경영은 관리의 영역임을 알 수 있습니다.

- **영업이익률 = 영업이익 / 매출 x 100 (%)**

7) 영업외 수익 및 영업외 비용

영업외 수익(그림 3-12, ③)으로는 정부지원과제나 이자소득, 투자소득, 환차익 등을 들 수 있습니다. 창업초기에 정부지원과제로 유지하는 경우가 있는데, 이러한 경우 이익은 나더라도 영업외 수익으로 이익이 나고, 영업이익은 마이너스인 경우도 있습니다. 따라서 우리 회사의 이익구조가 영업으로부터 나오는지 영업외로부터 나오는지 검토해 볼 필요가 있습니다. 마찬가지로 영업외 비용은 주로 이자지급이나 환차손 등을 통해 발생하는 것이라고 할 수 있습니다. 예시에서는 임의로 영업외 수익과 영업외 비용을 가정하였습니다.

8) 법인세 차감전 순손익

이는 법인세 비용을 제외하기 전의 모든 비용을 뺀 순이익을 말합니다. 여기서는 영업이익에서 영업외 수익을 더하고 영업외 비용을 빼서 계산하였습니다.

- **법인세 차감전 순손익 =**
  영업이익 + 영업외 수익 - 영업외 비용

9) 법인세

법인세는 법인의 순이익에 대한 세금으로 먼저 과세표준을 정합니다. 과세표준은 세금을 적용하는 기준 값이라고 보면 되는데, 여기에 세율을 곱해서 법인세 산출세액을 결정합니다. 과세표준은 소득금액에서 이월결손금, 비과세소득, 소득공제액을 제외한 값이 됩니다. 실제 납부하는 법인세액은 산출세액에서 세액공제나 세액 감면되는 부분을 빼고 납부하면 됩니다.

- **법인 과세표준 = 연간 소득금액 - (이월결손금 + 비과세소득 + 소득공제액)**
- **법인세 산출세액 = 과세표준 x 세율**
- **총 법인세액 = 산출세액 - (세액공제 + 세액감면)**

창업중소기업의 경우 50~100%까지 다양한 세액감면을 적용해 줍니다. 따라서 창업초기에는 대부분 법인세를 낼 일이 별로 없고, 있다고 하더라도 큰 부담이 되지 않습니다. 법인세를 내려면 일단 이익이 발생해야 합니다.

법인세는 2023년부터 구간별 1%씩 감면되어서 과세표준 2억 원 이하일 경우 9%, 2억 원 초과 200억 원 이하일 경우는 19%입니다. 예시에서는 복잡한 소득이나 공제는 모두 제외하고 법인세 차감전 순손익에 세율 10%로 가정하고 계산에 적용하였습니다.

- **개인사업자와 법인 중에서 세금 측면에서 어디가 유리할까?**

개인사업자는 과세표준에 따라 6~42%의 세율을 적용합니다. 과세표준이 2억 원일 경우에는 구간별로 나누어 6, 15, 24, 35%를 적용하면, 개인사업자는 5,606만원, 법인사업자는 1,800만원의 세금을 내게 됩니다.

과세표준 2,100만원 일 경우 개인사업자와 법인사업자의 세금이 동일한 189만원입니다. 이 미만일 경우에는 개인사업자의 세금이 낮고,

초과일 경우에는 법인사업자의 세금이 더 낮습니다. 대체로 법인이 개인사업보다 세금적으로는 유리합니다. 그렇다면 이익이 2,100만원 이하일 때는 개인이 세금적으로 유리할까요? 그렇지 않습니다. 개인사업자의 경우 모든 급여와 비용을 지출하고 남는 금액이 사업자의 개인소득으로 잡힙니다. 그러면 이 소득에 세금을 내게 됩니다.

예를 들어 2,100만원의 소득이 발생하였다고 가정하면, 이에 대한 소득세를 납부해야 합니다. 그러나 법인의 경우에는 대표의 급여를 책정하여 비용처리하면 됩니다. 즉 동일한 상황에서 2,100만원을 급여로 책정하면 이익이 나지 않는 것으로 되기 때문에 법인세를 낼 필요가 없습니다. 물론 법인의 대표가 받는 2,100만원의 급여는 개인으로서 소득세를 동일한 세율로 내야 합니다. 따라서 2,100만원 이하라고 해서 개인이 세금적으로 유리하다고 볼 수는 없을 것입니다.

10) 당기순이익

당기순이익(그림 3-12, ④)은 한 회사가 해당 회계연도 동안 영업과 영업외 활동 및 세금을 모두 고려한 후 나오는 순이익으로 손익계산의 최종 값입니다. 한 회사의 한 해 동안 경영평가 중 가장 중요한 지표가 되겠습니다. 플러스 값이면 흑자이고, 마이너스 값이면 적자라고 할 수 있습니다.

3.4.3 손익분기점

마지막으로 추가의 유용한 계산으로 손익분기점을 계산할 수 있도록 하였습니다. 손익분기점 계산 박스에는 총 고정비용과 단위 가변비용 및 손익분기점에서의 가변비용을 표시할 수 있도록 하였고, 손익분기점에서의 총 비용과 총 매출도 볼 수 있도록 하였습니다. 손익분기점이 되는 판매량을 나타낼 수 있도록 하였습니다. 손익분기점 값은 아래에 설명하는 방법에 의해서 계산할 수 있도록 하였습니다. 예시에서는 손익분기점이 8,263개이고 손익분기점에서의 고정비용과 가변비용이 비슷한 것으로 나타났습니다.

손익분기점

		금액(원)	
연차별 손익	총 고정비용(원)	84,120,000	①
	단위 가변비용(원/개)	9,820	
	손익분기점 가변비용(원)	81,145,226	
	손익분기점 총 비용(원)	165,265,226	②
	손익분기점 총 매출(원)	165,265,226	
	손익분기점(개)	**8,263**	

〈 그림 3-14. 손익분기점 계산 박스 〉

손익분기점이란 매출액과 총비용이 같아지는 지점을 의미합니다. 이 지점 이상으로 매출액이 발생하면 순이익이 발생하게 되고, 이 지점 이하로 매출액이 발생하면 손해가 발생하게 됩니다. 즉, 고정비용과 해당 시점까지의 가변비용을 회수하기 위해 필요한 상품의 판매 개수로 계산됩니다. 또는 그만큼의 개수를 판매하는 시점을 손익분기점이라고 할 수 있습니다.

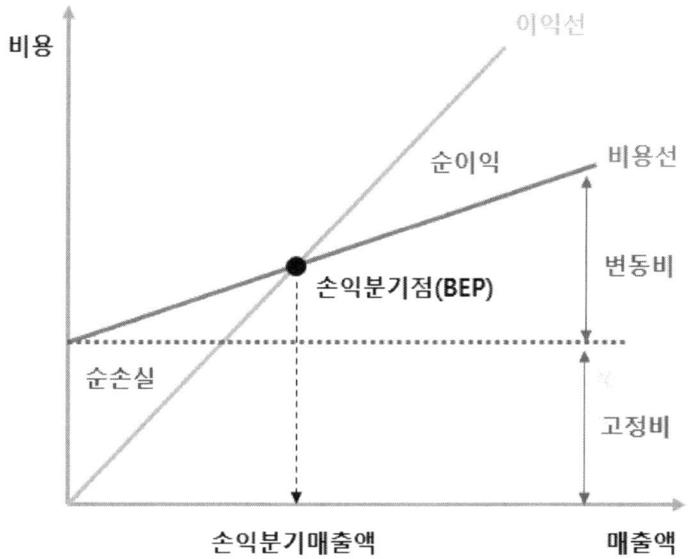

〈 그림 3-15. 손익분기점의 이해 〉

1) 손익분기점 계산 방법

손익분기점의 계산은 크게 두 가지 방법으로 할 수 있습니다. 하나는 시뮬레이션 방법으로 판매량(즉 여기서는 생산량) 입력값을 변경시키며 영업이익률을 확인하여 0이 되는 판매량을 찾는 것입니다. 두 번째는 계산식을 통해 바로 구하는 것입니다. 손익분기점에서는 비용과 매출이 동일합니다. 비용으로서는 고정비용과 손익분기점에 해당하는 상품 개수만큼의 가변비용이 추가되고, 매출은 그 개수만큼 판매가를 곱하면 얻을 수 있습니다. 이 식을 정리하면 제품 한 개당 판매가격에서 개당 가변비용을 빼면 개당 이익이 되고, 고정비용을 이 값으로 나누면 손익분기점이 되는 제품의 개수를 알 수 있습니다. 즉, 총 고정비용을 개당 고정비용으로 나누어 얻는 값과 동일합니다.

- **손익분기점(개수) x 단위 가변비용 + 고정비용 = 손익분기점(개수) x 판매가**
- **손익분기점(개수) = 고정비용 ÷ (판매가 - 단위 가변비용)**

예시에서, 고정비용은 84,120천원이고, 단위 가변비용은 9,820원/개입니다. 이 값으로 계산을 하면 8,263개를 판매해야 순이익이 발생합니다. 이 엑셀 시뮬레이션에서 생산량을 10,000개 대신에 8,263개를 넣어보면 영업이익률이 예상대로 0%로 나오는 것을 확인할 수 있습니다.

2) 추가 고려해야 할 사항들

여기서 한 가지 유의해야 할 점은 고정비용에 시설비의 1년차 감가상각비만 반영된 것입니다. 따라서 만약 시설 투자비 전액에 대한 손익분기점을 계산하고자 한다면 고정비용 계산식을 변경해야 할 것입니다. 고정비용 계산에서 시설비를 포함하고, 판관비에서 감가상각비는 빼고 다시 계산하면 총 고정비용은 104,600천원이고, 손익분기점은 8,554개로 나왔습니다. 즉 예상대로 손익분기점 개수가 증가합니다.

그리고 계산식에서 영업외 수익 및 비용이나 법인세는 고려하지 않는 것으로 가정하였습니다. 따라서 이러한 비용이나 수익을 포함시키면 손익분기점 개수가 달라질 수 있을 것입니다.

여기서 원자재비와 마켓 수수료 및 광고비를 제외한 인건비, 판관비(시설비는 감가상각비로 반영)를 모두 고정비용으로 가정하였습니다. 그러나 인건비, 판관비의 일부는 가변비용이 될 수 있을 것입니다. 예를 들어, 인건비, 수도광열비, 기타 광고선전비, 배송비 등은 판매 개수가 늘어날수록 비례해서 증가할 것입니다. 고정비용과 가변비용을 명확히 구분하는 것은 회계 상으로도 그렇고, 실제로도 매우 어렵습니다. 다만 어떻게 잡는 것이 어떤 영향을 미치는지 이해하면 된다고 생각합니다.

3.5 시뮬레이터 검증

시뮬레이터 제작을 완성한 후에 꼭 필요한 것이 제대로 만들었는지 검증을 해 보는 것입니다. 아무리 꼼꼼하게 만들더라도 계산식을 작성할 때 실수가 나올 수 있습니다. 이를 확인하기 위해 가장 쉬운 입력 값으로 결과 값을 검토해 보는 것입니다.

예를 들어, 생산량 10,000개, 원자재비 20,000,000원, 인건비 0원, 시설비 0원, 판관비 0원, 판매가 10,000원으로 입력하면 매출원가 20,000,000원, 매출 총이익 80,000,000원, 매출 총이익률 80%, 영업이익 80,000,000원, 영업이익률 80%이 계산되어 나오는 것을 확인할 수 있습니다.

이와 같이, 여러 값들을 0으로 두고, 검토하고자 하는 값에 대해 계산결과를 확인하면 시뮬레이터가 잘 만들어졌는지 검증해 볼 수 있습니다.

Tip

(시뮬레이터 검증)

- 가장 간단한 수를 입력한다.
- 입력변수의 일부를 0으로 잡아 최대한 계산이 간단하게 만든다.
- 결과값이 예상되는 값과 일치하는지 확인한다.
- 필요한 경우 입력변수를 변경하여 다양하게 반복 확인한다.

제2부.

수익성 평가 시뮬레이터의 활용

“

에듀컨텐츠·휴피아
ECH Educontents·Huepia

”

Chapter 04.

실전 시뮬레이터를 사용해 보자

4.1 시뮬레이션 준비

자. 드디어 수익성 평가 시뮬레이터가 완성되었습니다. 그러면 이제 이를 가지고 실제 시뮬레이션을 해볼까요? 그 전에 이해를 위한 몇 가지 질문들을 정리해 보겠습니다.

(1) 시뮬레이션을 이해하기 위한 간단한 질문들

시뮬레이션을 너무 복잡하게 생각할 필요는 없습니다. 사업계획을 세울 때, 여러 변수들을 검토할 때 간단하게 예측해 보는 것이라고 생각하면 됩니다. 이 질문들을 실제 시뮬레이션에서 잘 응용하면 훨씬 더 좋은 결과를 얻을 수 있을 것입니다.

Tip

질문을 스스로 만들어서 정리해 보면 전체 사업과정에 대한 이해도 높아지고, 시뮬레이션 전략을 만드는 데도 도움이 됩니다.

생산 관련 질문

- 생산량을 늘리면 영업이익이 늘어날 수 있을까?
- 생산량 대비 직원의 수는 충분한가?
- 지금의 환경조건(직원수, 공간)에서 최대로 가능한 생산량은 어느 정도인가?
- 한 번에 만들 수 있는 생산량을 어떻게 정하는 것이 가장 효율적인가?

비용 관련 질문

- 영업이익을 늘리기 위해 어느 비용을 줄이는 것이 가장 효율적일까?
- 상품의 구성을 변경해서 비용을 줄이는 것이 필요한가?
- 비용을 고려하여 원료의 성분비율을 바꿀 필요가 있는가?
- 원자재를 대량으로 구매하면 판매가 여의치 않을 때 재고가 남지 않을까?
- 시설비 투자가 너무 과도한 것은 아닌가?
- 영업이익 대비 직원의 수는 적절한가?

판매 관련 질문

- 가격을 올리면 수익은 늘겠지만 시장에서 수용할 정도의 수준일까?
- 이 판매가격으로 순이익이 남을 수 있겠는가?
- 순이익이 남는 최저 가격은 얼마인가?
- 손익분기점 판매개수가 너무 많은 것은 아닌가?
- 광고비는 얼마까지 지출하는 것이 좋을까?
- 적절한 광고수익률은 어느 정도일까?

4.2 시뮬레이션 단계

(1) 시뮬레이션 단계

시뮬레이션 과정은 명확하게 단계를 밟아야 하는 것은 아니고, 대체적으로 아래의 순서로 진행하면 될 것입니다. 물론 일부 단계는 생략하고, 직관적으로 입력 값을 넣고 결과를 알아보는 것도 무방합니다. 일부는 단계가 전후로 반복될 수도 있을 것입니다. 여러 번 하다 보면 전체 단계가 한 번에 일어날 수도 있습니다.

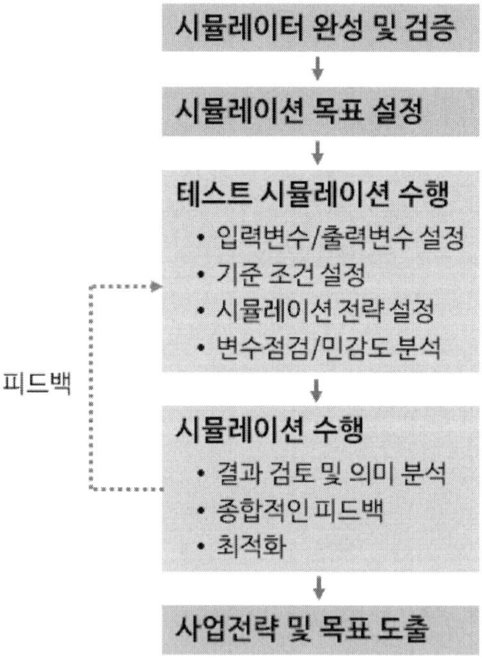

〈 그림 4-1. 시뮬레이션 단계 〉

(2) 시뮬레이션의 목표

시뮬레이션을 하는 중요한 이유는 적절한 상품가격을 도출하고 이를 위해 필요한 각종 비용과 생산량 등의 사업전략을 세우는 것입니다. 그래서 시뮬레이션의 목표를 분명히 설정하는 것이 중요합니다. 즉 이를 통해 무엇을 얻고자 하는지를 분명하게 생각해 두는 것이 필요합니다. 물론 처음에는 막연하고 복잡할 수도 있지만, 여러 번 하다 보면 점점 더 구체화 될 수 있을 것이라 생각합니다.

아래에 수익성 평가 시뮬레이터를 이용한 중요한 목표를 정리해 보았습니다. 즉, 상품의 가격을 결정하고, 각종 비용을 산정하여 적절한 생산량을 결정하고, 이를 바탕으로 사업의 전체적인 전략을 도출해 보는 것이 목표가 되겠습니다.

시뮬레이션의 목표 예시:
적절한 상품가격, 각종 비용과 생산량, 사업전략 도출

(3) 입력변수 및 출력변수의 종류

먼저, 중요한 입력변수와 출력변수로 어떤 것이 있는지 정리해 볼 필요가 있습니다. 이 부분도 스스로 직접 한번 정리해 보면 어떤 값을 변경하고 어떤 값을 비교해 봐야 하는지 머릿속으로 정리가 더 잘 될 수 있을 것입니다.

▪ **입력변수**

생산량, 상품의 용량, 원자재의 구매단위 및 가격, 성분함량(레시피), 상품의 재료구성, 시설이나 인력 및 판관비의 비용, 제품의 판매가격, 판매율 등

▪ **출력변수**

각종 비용 및 합계 (원자재비, 시설비, 인건비, 판관비, 총 비용), 고정비, 가변 비용, 비용 비율, 총 판매액(매출), 매출원가, 매출총이익, 영업이익, 영업이익률, 당기순이익, 손익분기점 등

(4) 비교 대상 기준 조건 설정

비교를 위해서는 우선, 기준이 되는 조건을 설정해야 합니다. 다음은 예시 문제에 대한 대표적인 기준 값과 그에 따른 결과 값을 정리한 표입니다.

〈 표 4-1. 기준 조건 예시 문제에 대한 입력값과 출력값 〉

입력변수	입력값	출력변수	출력값
생산량	10,000개	단위 가변비용	9,820원/개
원자재비	52,200,000원	매출	200,000,000원
시설비	25,600,000원	영업이익	17,680,000원
인건비	28,600,000원	영업이익률	8.8%
판관비	101,520,000원	당기순이익	22,662,000원
판매가	20,000원	손익분기점	8,263개

(5) 문제점 도출

위의 기준 조건을 검토해 보면 몇 가지 문제점이 있는데, 이를 정리하는 것이 필요합니다. 이러한 문제점 도출은 시뮬레이션의 방향성을 제시할 수가 있습니다.

- 상품 판매가격이 상당히 높음, 타 상품과 비교하여 고가이므로 판매될 가능성이 낮음. 판매가를 낮출 필요가 있음
- 현재 환경조건에서 생산 용량은 충족되지만 판매가 가능할 지는 불확실함. 과도한 생산량 목표는 초기 단계에서 실현 가능성이 낮음
- 영업이익률이 낮음. 영업이익을 더 높여야 할 필요가 있음

(6) 시뮬레이션 전략 설정과 변수 민감도 분석

이와 같이, 기준 조건으로부터 문제를 발견하고, 이를 해결하기 위해 시뮬레이션의 방향성이 설정되었습니다.

위에서 정리한 변수의 종류들 중에서 중요한 입력변수인 생산량, 제품의 판매가격, 원자재 비용, 고정비용 등을 변경해 보고 그 결과인 출력변수 값이 어떻게 나오는지 알아보도록 하겠습니다. 이를 통해 특정 입력변수의 변화가 특정 결과 값에 미치는 정도를 파악할 수 있습니다. 이를 변수의 민감도 분석(Sensitivity Analysis)이라고도 합니다.

Tip
민감도 분석을 통해 영향력이 낮은 변수를 배제하고, 영향력이 높은 변수 중심으로 적용해 볼 수 있습니다. 여기서는 간단하지만 좋은 사업전략을 찾는 것이 목표이기 때문에 변수의 영향을 하나하나 너무 상세하게 정리할 필요는 없으나 직관적으로 파악할 수 있는 정도가 되면 좋겠습니다.

위의 시뮬레이션 수행 단계에서 결과 검토 및 의미 분석도 매우 중요한 단계입니다. 이 단계에서는 입력변수를 변경해 보고, 어떤 결과값이 얼마나 변하는지 이해한다는 것은 상호 연관관계를 이해한다는 것입니다. 따라서 이 단계가 반드시 필요하고, 이 이후의 종합적 시뮬레이션 전략을 짜는 데 기반이 됩니다.

뿐만 아니라, 이 단계가 필요한 이유 중의 하나는 내가 만든 시뮬레이터의 계산식들이 제대로 되었는지 검증할 수 있다는 것입니다. 예를 들어 판매가를 2배로 늘리면 매출은 2배로 늘어나야 합니다. 그런데 그런 값이 나오지 않으면 어딘가 계산식 입력이 잘못된 것이라고 볼 수 있고 프로그램을 확인해야 합니다.

그리고 마지막으로는 여러 변수를 종합적으로 변경을 한 후에 원하는 출력변수 값이 나오는지 검토하면서 적절한 가격을 선정하고, 사업운영 전략을 마련하는 방법을 생각해 보도록 하겠습니다.

(7) 시뮬레이션 방법

시뮬레이션을 하는 방법은 간단합니다. 수익성 평가 엑셀 시뮬레이터에서 변경하고자 하는 입력변수(오렌지 창 셀)의 셀에서 값을 입력하면 됩니다. 그러면, 아래에 이 입력변수를 이용한 계산 값들이 자동으로 모두 변경됩니다. 그 후에 변경된 출력변수들을 찾아 확인하면 됩니다. 체계적으로 하기 위해서는 관심있는 출력 값들을 다른 엑셀 표에 정리해 두면 서로 비교할 때 도움이 됩니다.

> *Tip*
> 시뮬레이션 과정은 계산 값이 달라지므로 원본 파일은 두고, 복사해서 사용하는 것이 좋습니다.

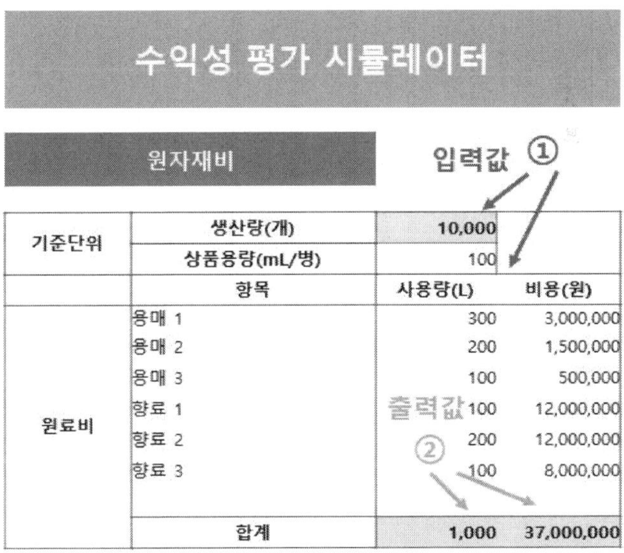

수익성 평가 시뮬레이터

원자재비

기준단위	생산량(개)	10,000	
	상품용량(mL/병)	100	
	항목	사용량(L)	비용(원)
원료비	용매 1	300	3,000,000
	용매 2	200	1,500,000
	용매 3	100	500,000
	향료 1	100	12,000,000
	향료 2	200	12,000,000
	향료 3	100	8,000,000
	합계	1,000	37,000,000

〈 그림 4-2. 시뮬레이션 방법: 입력 값 변경 및 출력 값 확인 예시 〉

4.3 시뮬레이션 수행

(1) 시나리오 A (생산량 변화)

가장 먼저 수행할 시뮬레이션은 생산량 변화에 대한 영향을 알아보고자 합니다.

생산량의 기준 값은 10,000개입니다(**시나리오 A0라고 표시**). 더 큰 값으로 20,000개, 더 작은 값으로 5,000개로 변경해 보기로 먼저 계획을 세워 보았습니다. 그리고 주요한 변수들을 표로 정리하여 기록하기 위한 준비를 마쳤습니다.

1) 시나리오 A1 (생산량 20,000개)

우선 20,000개로 생산량을 2배로 늘리면 원자재비는 2배로 늘어납니다. 그런데, 수수료와 광고비를 제외한 다른 비용(시설비, 인건비, 판관비)은 늘어나지 않습니다. 이 말은 현재의 시설과 인력과 경비로 생산량만 더 늘려서 만들 수 있다는 가정이 들어간 것입니다. 당연히 비용이 절감되므로 수익성은 좋아질 것으로 예상해 볼 수 있습니다. (단, 이때 늘어나는 생산량을 현재의 환경에서 감당할 수 있는 수준이어야 할 것입니다. 그렇지 않다면 인력을 더 늘린다거나 해서 적절히 가정해야 할 것입니다).

생산량이 2배 늘어났으므로, 판매율 100%로 가정하에 매출도 2배로 늘어났습니다. 그런데, 영업이익은 1천 8백만 원에서 약 1억 2천만원으로 2배를 넘어 거의 6배 이상으로 늘어났습니다. 영업이익률도 8.8%에서 29.9%로 크게 늘어났습니다.

이렇게만 된다면 얼마나 좋을까요? 그러나, 현실적이지 않을 수도 있습니다. 생산역량을 넘어설 수도 있고, 만드는 대로 다 팔리라는 보장도 없습니다. 그래도 이 결과는 사업의 상황을 예측해 보는데 중요한 통찰을 제시해 줍니다. "**일단, 이 환경에서 생산을 이 정도 하고, 모두 판매가 되면 이 정도의 이익이 발생하겠구나**" 하는 상상을 해 볼 수 있습니다. 시뮬레이션을 할 때는 이러한 감이 매우 중요합니다.

〈 표 4-2. 생산량에 따른 시뮬레이션 결과 〉

시나리오 A	생산량 (천개)	원자재비 (백만원)	시설비 (천원)	인건비 (천원)	판관비 (천원)	연간비용 합계 (천원)
A2	5	26.1	25,600	28,600	78,520	133,220
A3	8	29.6	25,600	28,600	92,320	162,680
A0	10	52.2	25,600	28,600	101,520	182,320
A4	15	78.3	25,600	28,600	124,520	231,420
A1	20	104.4	25,600	28,600	147,520	280,520
시나리오 A	**생산량 (천개)**	**매출 (백만원)**	**영업이익 (천원)**	**영업 이익률 (%)**	**당기 순이익 (천원)**	**손익 분기점 (개)**
A2	5	100	-33,220	-33.2	-23,148	8,263
A3	8	160	-2,680	-1.7	4,338	8,263
A0	10	200	17,680	8.8	22,662	8,263
A4	15	300	68,580	22.9	68,472	8,263
A1	20	400	119,480	29.9	114,282	8,263

2) 시나리오 A2 (생산량 5,000개)

두 번째로는 기준 값보다 작은 값인 5,000개의 생산량을 입력하겠습니다. 마찬가지로 원자재비는 반으로 줄었고, 다른 비용은 그대로입니다. 이는 동일한 경비를 사용해 생산량이 적으므로 수익성은 악화될 것으로 예상해 볼 수 있을 것입니다. 예상대로 영업이익은 -33,200천원, 영업이익률은 -33.2%로 큰 순손실이 발생하였습니다. 이러한 결과로부터 "**생산량을 5,000개 수준으로 너무 작게 잡으면 손실이 크게**

발생하겠구나"라는 것을 알게 되었습니다.

그런데, 위의 기준 값에서 손익분기점이 8,263개인 것을 감안하면 이 부근에서 순이익과 순손실이 바뀔 거라는 것을 이해할 수 있습니다. 이 보다 적은 생산량은 당연히 손실이 날 수 밖에 없습니다. 그래서 8,000개와 15,000개에 대해서도 추가로 시뮬레이션 해보기로 계획을 수정하였습니다.

3) 시나리오 A3 (생산량 8,000개)

세 번째로는 생산량 8,000개로 시뮬레이션 해보았습니다. 손익분기점이 간신히 모자라고, 영업이익률은 -1.7%였습니다. 그런데 당기순이익은 플러스입니다. 이는 가정한 영업외 수익이 영업외 비용보다 많기 때문입니다.

4) 시나리오 A4 (생산량 15,000개)

네 번째로는 생산량 15,000개로 시뮬레이션 하였습니다. 아마도 생산량 10,000개와 20,000개의 중간 정도의 이익이 날 것으로 예상해 볼 수 있을 것 같습니다.

> *Tip*
> 시뮬레이션 할 때 입력 값에 대한 결과를 미리 예상해 보는 것이 좋습니다. 그러면 값들 사이의 연결성을 잘 이해하게 되고, 만약 예상과 다른 값이 나왔을 때는 왜 그런지 이유를 찾아보면 관계를 더 명확하게 이해할 수 있게 됩니다.

그 결과 영업이익률은 22.9%로 10,000개 보다는 20,000개에 더 가까운, 생각보다 영업이익률이 높게 나왔습니다. 그 이유를 찾다 보면 고정비의 절감효과 때문이라는 것을 이해할 수 있을 것입니다. 이러한 결과를 보면, "이 정도의 생산량이라면 2명의 인력이 하루 50개(5L) 정도로 충분히 감당할 수 있겠네. 판매만 된다면 영업이익도 훌륭하므로, 광고비를 조금 더 집행해도 되겠구나"라고 예상해 볼 수 있을 것입니다.

생산량에 관해서 5가지 (기준 값 포함) 다른 값으로 시뮬레이션 해보았습니다. 이 과정에서 변수들 사이의 관계를 조금 더 이해할 수 있었고, 필요한 최소값이나 최대값의 범위를 대략 예측해 볼 수 있었습니다. 그리고 목표로 삼을 만한 생산량 값과 이를 위한 전략도 어느 정도 감을 잡게 되었습니다.

이 시뮬레이션 과정에서 중요한 것은 초기에 계획했던 2개의 값 결과를 보면서 계획을 추가적으로 수정해 간다는 것입니다. 이를 통해 값들의 범위와 경향을 잘 파악할 수 있게 됩니다.

(2) 시나리오 B (판매가 변화)

판매가의 기준 값은 20,000원입니다(**시나리오 B0**로 표시). 따라서 전후로 10,000원, 15,000원, 25,000원으로 시뮬레이션을 해보겠습니다. 이 두 번째 시뮬레이션에서 중요한 것은 동일한 비교를 위해 **다른**

입력조건은 기준 조건을 유지해야 합니다는 것입니다. 그래야, 다시 기준 값 결과와 같은 상황에서 판매가라는 입력변수만의 영향을 파악할 수 있기 때문입니다.

1) 시나리오 B1 (판매가 10,000원) & B2 (판매가 15,000원)

판매가를 10,000원, 15,000원으로 낮추면 수익성이 나빠질 것으로 예상해 볼 수 있습니다. 실제 그 결과 모두 영업이익률이 마이너스 값으로 나왔습니다. 비용은 원자재비, 시설비, 인건비는 모두 동일하고, 판관비만 감소했습니다. 판매액 감소에 따른 마켓 수수료와 광고비 감소 때문입니다. 생산량은 동일하기 때문에 판매가를 낮추면 매출은 비례해서 감소하고 영업이익률도 감소하게 됩니다.

2) 시나리오 B3 (판매가 25,000원)

판매가를 25,000원으로 올려 보았습니다. 당연히 수익성이 좋아질 것입니다. 예상대로 매출은 비례해서 증가하였고, 판관비가 조금 늘었지만 영업이익률이 22.5%로 크게 증가하였습니다. 자 그럼, 대략 판매가 변화에 따른 매출과 수익성의 범위를 이해할 수 있게 되었습니다.

그런데, 한 가지 특이한 경향을 발견할 수 있습니다. **판매가를 올릴수록 손익분기점 판매개수는 감소합니다. 수익성이 개선된다고 볼 수 있습니다.** 시나리오 A에서는 생산량(판매량)이 늘어나도 손익분기점 개수가 변화가 없었습니다. 그런데 판매가는 다른 경향을 보이는데 그 원인이 뭘까요? 단순히 생각만으로는 원인을 알기 어렵습니다. 그러면 다음으로 식을 확인해 보면 알 수 있습니다. 손익분기점 식은 아래와 같고, 고정비용과 판매가, 단위 가변비용에 의해 결정됩니다. 생산량을 늘리더라도 이 3가지 값이 변하지 않고, 따라서 손익분기점도 변하지 않습니다. 그런데 판매가를 올리면 고정비용은 그대로이지만, 단위 가변비용도 올라갑니다. 그렇지만 단위 가변비용 증가폭이 판매가보다 작아 분모값은 결과적으로 더 증가합니다. 따라서 판매가가 증가함에 따라 손익분기점은 감소합니다.

- **손익분기점(개수) =**
  고정비용 ÷ (판매가 − 단위 가변비용)

그런데, 이러한 의문도 생깁니다. "디퓨저 상품 한 개에 25,000원의 가격을 책정하면 판매가 되기는 할까? 이를 위해서는 프리미엄 수준으로 만들어야 하는데, 지금 계획이 여기에 부합하는 걸까? 기준 조건 설정과 문제점 도출에서 보았듯이 20,000원도 고가라는 생각이 드는데, 25,000원이라는 가격은 거의 상한선에 가까운 가격이라는 생각이 드는군" **그럼에도 불구하고, 거의 가능성이 없는 입력변수에 대한 시뮬레이션이 필요합니다.** 그 결과를 통해 입력변수의 영향과 전체 범위를 파악할 수 있기 때문입니다.

〈 표 4-3. 판매가 변경에 따른 시뮬레이션 결과 〉

시나리오 B	판매가 (천원)	원자재비 (백만원)	시설비 (천원)	인건비 (백만원)	판관비 (천원)	연간 비용 합계 (천원)
B1	10	52.2	25,600	28.6	78,520	159,320
B2	15	52.2	25,600	28.6	90,020	170,820
B0	20	52.2	25,600	28.6	101,520	182,320
B3	25	52.2	25,600	28.6	113,020	193,820
시나리오 B	**판매가 (천원)**	**매출 (백만원)**	**영업 이익 (천원)**	**영업 이익률 (%)**	**당기 순이익 (천원)**	**손익 분기점 (개)**
B1	10	100	-59,320	-59.3	-46,638	33,919
B2	15	150	-20,820	-13.9	-11,988	13,289
B0	20	200	17,680	8.8	22,662	8,263
B3	25	250	56,180	22.5	57,312	5,996

(3) 시나리오 C (원자재 구입비용)

위에서는 가장 중요한 생산량과 판매가격으로 시뮬레이션을 해보았습니다. 다음으로는 비용 절감을 위한 시뮬레이션을 해볼 수 있을 것 같습니다. 먼저 원자재 비용을 절감해 보면 어떻게 될지 알아보겠습니다.

1) 시나리오 C1 (원자재비 1 - 구성품 절약)

사실 기준 조건(**시나리오 C0**로 표시)도 필요한 원자재를 거의 최소화여 설정하였습니다. 따라서 더 줄일 만한 여유는 없는 상태입니다. 그래도 최대한 더 줄여보도록 한다면, 디퓨저에 들어갈 스틱의 수를 3개에서 2개로 줄여볼 수 있을 것 같습니다. 자재비의 필요 개수 박스에서 3을 2로 바꾸면 끝입니다. 그 결과 비용을 50만원 줄였습니다. 예상할 수 있는 대로 전체 비용절감 효과는 미미할 것입니다. 역시나 모든 값(영업이익, 영업이익률, 당기순이익, 손익분기점)에서 개선의 효과는 거의 없습니다. 이 방법은 효과도 없고 상품의 품질도 떨어뜨리는 방법이기 때문에 해서는 안 될 방법이 되겠습니다.

2) 시나리오 C2 (원자재비 2 - 구매단위 조정)

이번에는 원료를 대용량으로 구매해서 단가를 낮춰보는 방법을 추가로 적용하면 어떨까요? 그래서 향료 1을 대용량인 10L 단위로 구매하는 것으로 시뮬레이션 해보았습니다. 이때는 구매정보 박스에서 옵션에 있는 값을 참고로 해서 실구매조건의 향료 1 구매가격과 구매단위를 각각 900,000원과 10L로 수정하면 됩니다.

〈 표 4-4. 원자재비 절감에 따른 시뮬레이션 결과 〉

시나리오 C	원자재비 절감	원자재비 (천원)	시설비 (천원)	인건비 (천원)	판관비 (천원)	연간 비용 합계 (천원)
C0	기준	52,200	25,600	28,600	101,520	182,320
C1	스틱 2개	51,700	25,600	28,600	101,520	181,820
C2	향료 1 대용량 구매 10L 90만원	49,200	25,600	28,600	101,520	179,320
시나리오 C	**원자재비 절감**	**매출 (천원)**	**영업 이익 (천원)**	**영업 이익률 (%)**	**당기 순이익 (천원)**	**손익 분기점 (개)**
C0	기준	200,000	17,680	8.8	22,662	8,263
C1	스틱 2개	200,000	18,180	9.1	23,112	8,223
C2	향료 1 대용량 구매 10L 90만원	200,000	20,680	10.3	25,362	8,027

그 결과 원자재비를 3백만 원 정도 절감할 수 있습니다. 매출은 동일하지만, 영업이익률은 10.3%로 약간 증가하였습니다. 스틱 시나리오 보다는 많은 비용을 절감했지만, 여전히 충분하지 않습니다.

한편, 원자재 비용을 절감할수록 손익분기점은 조금씩 감소하였습니다. 이는 단위 가변비용이 감소하여 (9,820원 > 9,770원 > 9,520원), 계산식에서 분모값이 증가하기 때문입니다.

위의 시뮬레이션으로부터 다음과 같이 생각해 볼 수 있습니다. "**원자재비 절감에는 한계가 있군. 시설비나 인건비, 판관비를 더 줄여야 할지도 모르겠다. 기타 비용에서 절감할 수 있는 것이 어떤 것이 있는지 알아보고 시뮬레이션을 해 봐야겠다**"

(4) 시나리오 D (기타 비용)

기타 비용으로 시설비, 인건비, 판관비의 모든 항목을 검토해 보니, 컴퓨터를 미리 구입할 필요는 없겠다는 생각이 듭니다. 그래서 2대 정도 줄여도 될 것 같고, 극단적으로는 직원 1명을 채용하지 말고, 사장 혼자서 일단 시작해 보자는 생각이 들 수도 있을 것입니다. 따라서 일단 기준조건을 시나리오 D0로 표시하고, 이 두 항목에 대한 시뮬레이션을 해보기로 하였습니다.

1) 시나리오 D1 (시설비 절감)

컴퓨터 2대를 줄이면, 시설비에서 3백만 원의 절감 효과가 있습니다. 비용절감 측면에서는 시나리오 C2의 향료 1 대용량 구매 시의 절감액과 동일함에도 불구하고, 영업이익률은 9.1%로 C2의 10.3%보다 낮습니다. 이는 시설비 절감의 경우 그 전체 비용이 절감되는 것이 아니라 감가상각비로 분산되어 절감되기 때문입니다. 즉 1/5만큼씩 5년

동안 분산 절감됩니다. 따라서 시설비 절감은 당장 올해의 수익성 개선에는 큰 효과가 없음을 알 수 있습니다. 물론 현금흐름 상으로는 동일한 비용 절감이지만, 회계 상으로 그렇다는 것입니다.

2) 시나리오 D2 (인건비 절감)

컴퓨터 2대 절감으로는 비용 절감 효과가 별로 없습니다. 더 큰 절감이 필요합니다. 그래서 과감하게 인력을 줄이는 시뮬레이션을 해보는 것으로 결심해 봅니다. 개인회사의 경우 사장의 월급을 책정하지 않고 남는 이익을 월급처럼 가져간다고 생각해 볼 수 있습니다. 이러한 경우를 가정하여, 판관비에서 급여를 0원으로 변경해 보는 것입니다.

그 결과 판관비에서 많은 금액을 절감할 수 있습니다. 매출은 동일하지만, 영업이익률을 23.8%까지 끌어올릴 수 있습니다. 이 방법은 상당히 효과적이지만, 내용인즉슨 기준 값과의 차이만큼 급여가 줄어든 것뿐이라는 것을 이해할 수 있습니다. 즉, 사장의 급여로 가져가야 하는 부분만큼 이익으로 남겨야 하는 상황이라 실질적인 비용 절감이라 할 수 없습니다.

여기서 손익분기점은 시설비를 줄이든 판관비를 줄이든 감소한다는 것입니다. 물론 더 많은 비용을 줄일수록 손익분기점이 크게 줄어드는데, 이는 계산식의 분자에 해당하는 고정비용이 감소하기 때문입니다. 여기서 판매가와 가변비용은 변하지 않습니다.

〈 표 4-5. 기타 비용 절감에 따른 시뮬레이션 결과 〉

시나리오 D	기타 비용 절감	원자재비 (천원)	시설비 (천원)	인건비 (천원)	판관비 (천원)	연간 비용 합계 (천원)
D0	기준	52,200	25,600	28,600	101,520	182,320
D1	컴퓨터 2대	52,200	22,600	28,600	100,920	181,720
D2	판관비 급여	52,200	25,600	28,600	71,520	152,320
시나리오 D	**기타 비용 절감**	**매출 (천원)**	**영업 이익 (천원)**	**영업 이익률 (%)**	**당기 순이익 (천원)**	**손익 분기점 (개)**
D0	기준	200,000	17,680	8.8	22,662	8,263
D1	컴퓨터 2대	200,000	18,280	9.1	23,202	8,204
D2	판관비 급여	200,000	47,680	23.8	49,662	5,316

(5) 종합적인 접근

위에서 생산량, 판매가, 원자재비, 시설비, 인건비 변화에 대한 시뮬레이션 결과들을 검토해 보았습니다.

각각의 변수가 미치는 영향과 경향도 확인하였습니다. 비용절감에는 한계가 있고, 생산량과 판매가가 결국 크게 영향을 미쳤습니다. 그럼에도 불구하고 판매가는 더 높이기는커녕 낮추어야 하는 상황이고, 생산량은 팔리기만 한다면 효과적인 변수입니다.

여기서 한 가지 알아낸 것은 민감도 분석결과입니다. 시나리오 A부터 D까지 생산량, 판매가, 원자재비, 시설비, 판관비에 대해 결과에 미치는 정도를 비교하면 **판매가 〉 생산량 〉 원자재비, 판관비 〉 시설비의 순으로 중요**함을 알 수 있습니다. 따라서 가격결정이 가장 중요하고, 그 다음 생산량이 중요한 변수가 되겠습니다.

이제는 여러 가지 변수를 동시에 다각적으로 변화시켜 보고 적절한 사업전략을 도출할 차례입니다. 여기서는 시나리오를 몇 가지 상정해 보면서 그 결과를 비교해서 최적 조건을 찾아보고자 합니다. 이 단계에서는 한계점을 미리 설정해 보면 도움이 됩니다.

한계점

- 재고량과 불확실한 판매를 고려하면 생산량을 너무 크게 잡을 수 없다.
- 판매가는 타 상품을 고려하여 기준 값보다 낮게 잡아야 한다.
- 비용은 최대한 절감할 수 있는 방안을 찾아야 한다.

이러한 모든 고려를 통해 생산량과 판매가를 다양하게 찾아보도록 하겠습니다. **우선 비용을 허용 가능한 수준에서 최대한 절감하는 방안을 정하고 그 가정에서 판매가를 변화시키는 시뮬레이션을 해보면 좋을 것 같다는 생각을 해봅니다.**

Tip

시뮬레이션 자체는 쉽지만, 모든 변수를 하나하나 검토해 보기는 어렵습니다. 따라서 위의 변수점검 단계에서 그 결과를 통한 통찰력을 얻는 것이 더 중요합니다.

1) 시나리오 E1 (비용절감 최대)

비용 절감을 최대로 하기 위해, 향료 원료 3종과, 용기와 양면테이프와 택배상자를 모두 대량구매 한다는 가정을 하였습니다. 그리고 컴퓨터 구입을 줄이는 것으로 하였습니다.

> *가정*
> 용기 1,000개 40만원, 양면테이프 1,000개, 택배상자 1,000개,
> 향료 1 10L 90만원, 향료 2 10L 40만원, 향료 3 10L 60만원,
> 컴퓨터 2대 절감,
> **생산량 10,000개, 판매가 20,000원**

여기서 이 원자재 항목들에 대한 대량구매를 가정한 이유는 구매정보박스에서 확인할 수 있듯이 단위구매를 통해 생산 가능한 상품 개수가 적기 때문입니다. 적어도 상품 10,000개를 판매할 계획이라면 이러한 원자재는 이를 충족시킬 수 있는 정도로 대량구매해도 무방하다고 생각할 수 있을 것입니다.

시뮬레이션 결과 영업이익률 14.4%로 상당히 괜찮은 편입니다.

이 시나리오는 판매가를 20,000원이라고 가정한 것이기 때문에, 판매가를 낮추는 경우를 대비해서 이 시나리오에서 가정한 최대한의 비용 절감은 필수적인 것 같습니다.

2) 시나리오 E2 (비용절감 최대 + 생산량 증대 + 판매가 하향)

앞에서 생산량을 늘리면 효과가 매우 큰 것을 확인하였습니다. 그래서 다음 시나리오로 생산량을 조금 더 올리되 무리하지 않고 현실적인 수준으로 12,000개로 해볼까 합니다. **이 값은 현재 상황에서 가능한 최소의 생산량이자 판매량이라는 목표로 두는 것입니다.**

> *가정*
> 최대 비용절감 조건 동일, **생산량 12,000개, 판매가 12,000원**

생산량이 많으면 많을수록 수익성이 좋아지는 것은 당연한 일입니다. 그렇다면 상황에 맞게 최소로 달성해야 하는 생산량을 설정하는 것이 좋습니다. 현재의 경향을 보면 생산량 10,000개로는 판매가를 충분히 낮출 수가 없습니다. 이를 통해 생산량 전략은 이미 확정되었다고 볼 수 있습니다.

우선, 이 시나리오에서는 판매가를 매우 낮게 가정하였습니다. 생산량을 더 늘렸으므로, 상황이 좋아졌습니다. 따라서 판매가를 아주 낮은 쪽으로 가정해서, 그 한계를 알아보는 것이 좋습니다.

시뮬레이션 결과, 생산량은 20% 늘었으므로 원자재비는 시나리오 E1보다 늘었습니다. 비용절감을 많이 했음에도 불구하고 매출이 줄어, 영업손실(-15.8%)이 발생하였습니다. 따라서 적절하지 않은 시나리오입니다. 즉, 이를 해결하기 위해서는 생산량을 늘리거나, 판매가를 올려야 합니다.

3) 시나리오 E3 & E4 (비용절감 최대 + 생산량 고정 + 판매가 상향)

위의 시나리오 결과들을 통해, 비용을 최대한 줄이고, **최소 필요한 생산량은 12,000개로 목표를 정하면, 대략 판매가는 12,000원 이상에서 가능할 것이라는 직관이 생겼습니다.** 그래서 판매가를 14,000원, 16,000원으로 올리면서 시뮬레이션을 해 보았습니다.

> *가정*
> - E3: 최대 비용절감 조건 동일, 생산량 12,000개, **판매가 14,000원**
> - E4: 최대 비용절감 조건 동일, 생산량 12,000개, **판매가 16,000원**

그 결과, 시나리오 E의 비용절감으로 하면 시나리오 E3에 해당하는 가격인 14,000원 정도일 때 -2.5% 영업이익률(당기순이익은 플러스)이므로 이 가격이 마지노선으로 더 낮추기 어렵다는 결론을 얻었습니다. **따라서 이 가격을 중심으로 생산량을 더 늘리고 판매가를 더 낮추거나, 생산량을 줄이고 판매가를 더 높이는 방향으로 추가 검토해 볼 수 있겠습니다.** 대략 생산량과 판매가격의 범위가 정해졌으므로, 이제 사업전략을 도출할 차례입니다.

〈 표 4-6. 종합적인 다양한 시나리오에 대한 최적화 시뮬레이션 검토 결과 〉

시나리오	생산량 (천개)	판매가 (천원)	원자재비 (백만원)	시설비 (천원)	인건비 (천원)	판관비 (천원)	연간 비용 합계 (천원)
E0	10	20	52.2	25,600	28,600	101,520	182,320
E1	10	20	41.7	22,600	28,600	100,920	171,220
E2	12	12	50.04	22,600	28,600	88,040	166,680
E3	12	14	50.04	22,600	28,600	93,560	172,200
E4	12	16	50.04	22,600	28,600	99,080	177,720
시나리오	**생산량 (천개)**	**판매가 (천원)**	**매출 (백만원)**	**영업이익 (천원)**	**영업이익률 (%)**	**당기순이익 (천원)**	**손익분기점 (개)**
E0	10	20	200	17,680	8.8	22,662	8,263
E1	10	20	200	28,780	14.4	32,652	7,437
E2	12	12	144	-22,680	-15.8	-13,662	16,473
E3	12	14	168	-4,200	-2.5	2,970	12,635
E4	12	16	192	14,280	7.4	19,602	10,248

4.4 사업전략 도출

위의 시뮬레이션 과정을 통해서 다음과 같이 사업전략을 도출해 볼 수 있을 것입니다.

1) **생산은 약 12,000개 이상으로 하고**, 이만큼 판매를 달성해야 합니다. 물론 그 이상 생산량과 판매량이 늘면 늘수록 수익성은 좋아지고, 많은 문제가 해결될 수 있습니다.

2) **원자재 비용은 일단 최대한 절감해야 합니다.** 원자재는 가능한 대량구매로 하되, 구매한 원자재를 이용해 생산 가능한 상품개수를 고려하여 원자재 재고가 발생하지 않도록 염두에 두어야 합니다. 원료의 경우 추가로 더 대량구매를 하면 단가가 저렴해질 수 있는지 확인해 볼 필요가 있습니다.

3) **시설비, 인건비, 판관비도 일단 최대한 절감해야 합니다.** 원자재 비용과 함께 최대한 절감하지 않으면 적자가 발생할 수도 있습니다. 그런 의미에서, 컴퓨터는 2대만 구입하고, 사장의 급여는 일단 책정을 하고 상황에 따라 삭감할 수도 있습니다.

4) **판매가는 14,000원에서 16,000원 이상 사이에서 정할 수 있습니다. 마지노선은 14,000원입니다.** 타 상품과의 경쟁력을 고려하여 최종 결정해야 할 것입니다. 만약 더 낮게 가격을 설정할

필요가 있으면, 그에 따라서 생산량과 판매량을 높여야 할 것입니다.

4.5 최종 가격 결정과 목표 생산량 결정

(1) 최종 가격 결정

위와 같은 사업전략을 세운 후에 다양한 측면을 고려하여 최종적으로 가격을 정할 수 있을 것입니다. 최종 가격 결정을 위해 다음과 같은 사항을 추가로 고려해야 할 것입니다.

경쟁상품의 용량, 품질, 가격, 우리 상품의 포지셔닝 (저가, 중가, 프리미엄), 우리 상품의 차별화 포인트, 향후 우리 상품의 판매 가능성, 자금 현황, 정부지원 가능성 등이 되겠습니다.

만약에 자금 현황이 괜찮고, 정부지원금도 좀 있고, 우리 상품의 차별화 포인트가 있어서 판매가 잘 될 것이라고 가정한다면, 가격을 좀 높게 책정해 보는 것도 괜찮을 것입니다. 한 번 가격을 정하면 올리기는 매우 어렵습니다. 그러나 일단 높게 책정한 후에 할인을 통해 시장 검증을 해보거나, 아예 가격을 내리는 것은 어렵지 않을 것입니다.

(2) 목표 생산량 결정

이제 최종 가격이 결정되었다면, 이 가격으로 시뮬레이션을 해 볼 수 있을 것입니다. 이 경우에는 가격은 고정된 값이고, 생산량, 원자재 비용 등과 같은 나머지들이 변수가 됩니다. 이 단계에서 추가적으로 시뮬레이션을 해 보는 것도 매우 의미가 큽니다. 예를 들어, 생산량 목표를 더 구체적으로 설정할 수 있게 됩니다.

마지막으로, **최종 결정된 가격을 마지노선인 14,000원이라고 가정하고 생산량을 늘리는 방향으로 설정합니다.** 위의 시나리오 E에 따라 비용절감을 한다고 가정하고 생산량 변화의 영향을 알아보도록 하겠습니다.

1) 시나리오 F (목표 생산량 결정)

생산량은 12,000개, 13,000개, 14,000개, 15,000, 16,000개로 촘촘한 간격으로 시뮬레이션을 해 보겠습니다. 이 단계에서는 많은 변수들이 고정되어 있으므로 세밀하게 시뮬레이션해 볼 수 있습니다.

> *가정*
> 비용절감 시나리오 E, **판매가 14,000원, 생산량: 12,000개 이상**

판매가 14,000원으로 고정하면, 생산량이 증가할수록 예상대로 영업이익률이 비례해서 점점 증가합니다. 생산량이 16,000개 정도면 10% 이상의 영업이익률을 달성할 수 있을 것입니다.

자, 이제 새로운 목표를 설정할 수 있을 것입니다. **생산량은 16,000개로 목표를 잡고,** 모두 판매가 가능할 수 있도록 다양한 마케

팅과 홍보 방법을 동원해야 할 것입니다.

〈 표 4-7. 최종 가격 설정 후 생산량 변화에 대한 시뮬레이션 검토 결과 〉

시나리오	생산량 (천개)	원자재비 (천원)	시설비 (천원)	인건비 (천원)	판관비 (천원)	연간 비용 합계 (천원)
F0 (E3)	12	50,040	22,600	28,600	93,560	172,200
F1	13	54,210	22,600	28,600	96,780	179,590
F2	14	58,380	22,600	28,600	100,000	186,980
F3	15	62,550	22,600	28,600	103,220	194,370
F4	16	66,720	22,600	28,600	106,440	201,760
시나리오	**생산량 (천개)**	**매출 (천원)**	**영업 이익 (천원)**	**영업 이익률 (%)**	**당기 순이익 (천원)**	**손익 분기점 (개)**
F0 (E3)	12	168,000	-4,200	-2.5	2,970	12,635
F1	13	182,000	2,410	1.3	8,919	12,635
F2	14	196,000	9,020	4.6	14,868	12,635
F3	15	210,000	15,630	7.4	20,817	12,635
F4	16	224,000	22,240	9.9	26,766	12,635

4.6 시뮬레이션 후기

지금까지 수익성 평가를 통해 거의 실제 상황과 비슷한 경우에 상품의 가격을 설정하고, 사업전략을 만들어 가는 과정을 매우 상세하게 살펴보았습니다. 각 시뮬레이션 단계에서 생각의 흐름과 의사 결정하는 과정까지 모두 담았습니다. 그렇게 한 이유는 이 프로그램에 입력값을 넣고 나온 결과 값을 그냥 받아들이는 것이 중요한 것이 아니라, **변수들의 상관관계 이해와 그 다음 시뮬레이션 할 조건을 찾고 새로운 전략을 찾아가는 것이 더 중요**하기 때문입니다.

그 과정을 하나하나 설명하긴 했지만, 실제로 해보면 그렇게 복잡하지는 않습니다. 왜냐하면 입력 값을 바꾸는 즉시 결과 값이 바로바로 나오기 때문입니다. 사용자가 엑셀 프로그램을 상황에 맞게 직접 제작하면 계산이 되어가는 과정과 그 구조를 더 쉽게 이해할 수 있기 때문에 활용하는 것도 더 쉽게 될 것입니다.

지금까지 시뮬레이션을 해보면서 다양한 변수들이 있는 것을 알게 되었고, 어떤 변수들을 입력하고, 어떤 결과를 비교해야 하는지 보았습니다. 그래서 변수들을 정하는 것이 중요합니다.

엑셀로 시뮬레이션할 때는 입력변수는 한 개입니다. 여러 개를 한꺼번에 변경할 수도 있지만, 그러면 각 변수의 독립적인 영향을 알기 어렵습니다. 따라서 처음에는 한 번에 한 개씩 변경하면서 그 영향을 알아보고, 나중에 직관이 생기면 한꺼번에 여러 개를 변화시키면서 최적화 해나가도 좋을 것입니다.

아래 그림에 지금까지의 시뮬레이션 과정을 일목요연하게 그림으로 정리하였습니다. 우선 **기준 조건을 잡고, 민감도 분석을 통해 주요 변수에 대한 점검**, 상황에 따라 **기본적인 시뮬레이션(여기서는 비용 절감)**을 수행하였습니다. 그 다음에는 **주요 변수에 대한 최적화**를 하고, **사업전략을 도출**하였으며, **최종적으로 목표를 설정**하였습니다.

이러한 과정을 통해 **사업의 전체적인 흐름과 변수들의 관계, 최소 판매가, 목표 생산량** 들을 알아낼 수 있을 것입니다. 좀 복잡해 보이지만, 내 사업을 이해한다면, 금방 이런저런 검토를 해볼 수 있을 것입니다.

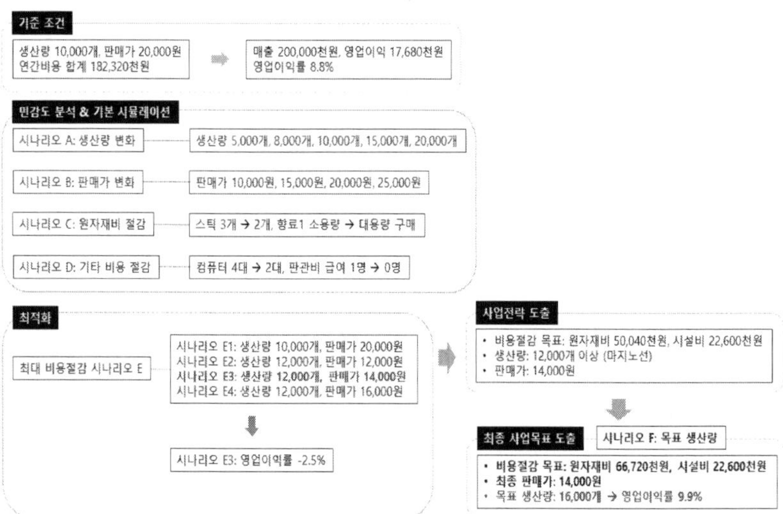

〈 그림 4-3. 최적화 시뮬레이션 및 사업목표 도출 과정 〉

● **고정값과 변동값**

시뮬레이션에서는 여러 입력변수가 있는데, 그 중 어떤 것은 더 변동적이고, 어떤 것은 더 고정적입니다. 예를 들면, 원자재의 가격과 용량은 상당히 고정적입니다. 그렇다고 완전 불변은 아닙니다. 원자재 납품업체의 상황에 따라 변할 수 있는 여지가 있습니다. 상품의 판매 가격은 초기 예측할 당시에는 변동적이지만, 한번 결정되면 변경하기 어려워 고정값이 됩니다. 초기에도 시장 상황에 따라 변동의 범위가 제한적일 수도 있습니다. 생산량은 상당히 변동적입니다. 상한값은 회사의 상황에 따라 어느 정도 한계가 있겠지만, 하한값은 0입니다.

> *주의*
> 여기에서 고정값/변동값은 고정비용/가변비용과 다른 개념입니다. 고정값/변동값은 변수의 변동 가능성을 의미합니다.

이와 같이 입력변수는 종류에 따라 변동성이 조금씩 다릅니다. 따라서 어떤 값을 고정적으로 두고 어떤 값을 유일한 변동값으로 검토해야 하는지가 시뮬레이션의 방향을 결정하게 됩니다. 위에서 시뮬레이션을 해가는 과정을 보면, **먼저 각종 비용을 고정시키고, 다음으로 가격, 마지막으로 생산량을 최적화**해 나갔습니다. 이 방향은 회사의 상황에 따라 다르게 적용될 수 있을 것입니다.

만약, OEM (Original Equipment Manufacturer, **주문자위탁생산) 방식으로 제조하는 경우에는 생산량이 더 고정적이 될 수도 있습**

니다. 주문을 할 때 최소 1만 개라고 하면, 그 이하는 고려해 볼 수 없는 상황이 되는 것입니다. 이런 경우에는 생산량과 각종 비용을 고정시키고, 가격을 최종적으로 결정하는 방식으로 시뮬레이션을 해 볼 수 있을 것입니다.

Epilogue

에필로그

지금까지 소규모의 사업을 시작하거나 새로운 상품을 기획할 때 필요한 수익성 평가 시뮬레이션에 대해 알아보았습니다. 1부에서는 시뮬레이터가 왜 필요한지, 엑셀을 이용해 간단하게 만드는 방법을 살펴보았고, 2부에서는 실제로 시뮬레이터를 이용해 최적 판매가격과 생산량을 찾아내고, 사업전략을 도출해 보았습니다.

여러 계산이 나오고 추정하고, 검증하는 일들이 매우 복잡한 것처럼 보일 수도 있습니다. 그렇지만, 실제로 해보면 그렇게 어려운 일은 아닙니다. 하나씩 하다보면 충분히 이해할 수 있을 것이라 생각됩니다. 더군다나 상품의 수익성을 검토하기 위해서는 어차피 해야 하는 계산들입니다. 오히려 복잡한 계산을 손쉽게 할 수 있도록 도와주는 도구라고 생각하고 회사의 상황에 맞게 수정해서 사용해 보면 좋을 것 같습니다.

사실 이 시뮬레이터가 더 효과적이기 위해서는 직접 만들어 보는 것입니다. 예쁘게 만들 필요도 없고, 상황에 맞게 알아보기 쉽게만 만들면 됩니다. 직접 만들어 보면 계산식이 어떻게 구성되고, 수익이 어떻게 발생하는지 더 쉽게 이해할 수 있습니다. 이 책에서 제시하는 이론과 방법, 엑셀 계산기 도구와 실전 활용의 예시를 통해서 조금이라도 도움이 되었기를 바랍니다.

이 책들에는 엘틴 푸드칼라 창업 스토리, 고객의 손실을 막아줄 마진계산 방법과 응용, 시뮬레이터를 만드는 기본 원리와 활용을 통해 최적 판매가와 생산량, 목표 할인가, 광고 이론, 광고 계산기 등 더 풍부한 다양한 정보를 제공하고 있어 반드시 도움이 될 것으로 생각합니다. 앞으로 더 많은 전자책을 기획하고 있으니 기대해 주시면 감사하겠습니다.

아무쪼록 이 방법이 1인 창업가와 소상공인, 제조와 유통 등 사업을 영위하는 모든 분들에게 조금이나마 도움이 되었으면 합니다. 여러분들의 사업이 더욱 더 번창하시기를 희망합니다.

“

에듀컨텐츠·휴피아
CH Educontents·Huepia

”

수익성 평가 시뮬레이션

초판 1쇄 인쇄 2026년 1월 1일
초판 1쇄 발행 2026년 1월 5일

저 자 | 우 승 한 지음

발 행 처 | 도서출판 에듀컨텐츠휴피아
발 행 인 | 李 相 烈
등록번호 | 제2017-000042호 (2002년 1월 9일 신고등록)
주 소 | 서울 광진구 자양로 28길 98, 동양빌딩
전 화 | (02) 443-6366
팩 스 | (02) 443-6376
e-mail | iknowledge@naver.com
web | http://cafe.naver.com/eduhuepia
만든사람들 | 기획 · 김수아 / 책임편집 · 이진훈 정민경 이채원 차연우
디자인 · 유충현 / 영업 · 이순우

ISBN | 978-89-6356-526-2 (13320)

정 가 | 15,000원